蒸し野菜で おいしい いたわり おやつ

乳製品・卵・
小麦・砂糖・オイル
不使用

あいり

日東書院

はじめに

～「食べた時も、食べた後もおいしい」を求めて～

口に入れて「味わい深くて、食感が楽しい」。それだけではなくて、食べ終わってから「心身ともに疲れたり、おなかにもたれたりせず、それでも軽すぎず、ちゃんと満足できる」

　このすべてが合わさってはじめて、「おいしい」と思えて、「食べてよかった」と安心できて、私が穏やかに、健やかに生きていくうえでの支えになってくれる――。

　その感覚から生まれるのが、私が日々作っているレシピです。

　遡ること約12年。中学2年生ぐらいだった私は、自信のなさからダイエットに目覚め、体重を減らすことから抜けられなくなります。「いかに炭水化物と脂質を減らすか、いかに少ない量でおなかを満たすか」が食事をするうえでは何よりも大事だった当時。食べることの楽しさはいうまでもなく、生きることの意味さえもなくしていたと思います。

　そんな摂食障害に苦しみ続けた私を大きく変えたのが、「動物性原材料・小麦」を摂らない食生活、さらには本書の主役となる「低温蒸し料理」でした。

　同じ炭水化物／脂質でも、食材それぞれの質（栄養）は違って、自分の体にとって合うもの・合わないもの（負担がかかるもの・かからないもの）があるということを、その新しい食生活が教えてくれたのです。

出版のきっかけになった「蒸し人参でタルトボトムを作る ココアタルト」

食生活を変えてから趣味で始めたレシピの考案・発信活動。はじめは、見聞きした情報を参考に「低GIだからヘルシー」だとか「ノンオイルだからヘルシー」というような、「一般的なヘルシー情報」に流され、それを押し出すようなレシピばかりを発信していました。

しかし、**体重やカロリーなどの「数字」では表せない、もっと大事なこと**に気づけてからは、「素材そのもののおいしさや、食べた後の心身の軽やかさ・満足感・ときめきでいっぱいになれる」ような食事アイデア（＝蒸し料理）を追求するようになっていきます。

蒸し料理と聞くだけで味気ないだとか、難しそうだとか思われることも少なくなく、なかなか私の価値観は届かない。発信力も乏しくて、なんとももどかしい思いをしていた中で、「蒸した人参をタルト生地に入れる」というお菓子作りのアイデアを評価いただいたことを機に、私自身初となるレシピ本出版に至っています。

大根おろし

蒸し大根おろし

蒸し野菜をケーキやタルトボトムに入れたら、どうなるんだろう……？

そんなふとした思いつきと好奇心から始まった、蒸し野菜入りおやつの研究でしたが、まさかここまで、深掘りできるなんて、自分でも正直驚いています。

「野菜をケーキに入れるなら、生のままでもいいのでは？」と思われている方へ、前提として少し解説を。

上の写真を見ていただくと分かるように、生野菜をペーストにしたものと、蒸し野菜をペーストにしたものでは、水分量が違います。

そして、蒸すことで野菜の青臭い風味やえぐみなどはなくなり、代わりにその中に潜んだ甘みや旨味が出てきてくれるんです。

詳しくは後述しますが、**蒸し野菜を使うからこそできるものがある**と私は思っています。

自分に合うものは、自分にしか作れないから

私がSNSを中心に発信しているレシピのすべては、「カロリーや脂質が低いとか、低GIでヘルシーって聞くから」という、なんとなくの判断で素材を選んで作っているものではなく、**こういう栄養や性質があって、自分の体に合っていて、おいしいから**という実体験に基づいて材料も調理法も厳選してできたもの。

人それぞれ合うもの合わないものがあるからこそ、私のレシピ自体を参考にしていただくというより、**私がどうしてそういう材料・調理法を選んでいるのかといった、生きざまというか価値観というか、そういったレシピの元になっている部分に触れていただいて、自分自身に合った食生活を確立していくための一つのきっかけやヒントにしていただきたい**、というのが一番の想いです。

究極のところ、レシピを参考にお菓子を作っていただかなくてもいいんです。私が自身で撮影した写真をぼうっと眺めたり、食に関連した事柄についての私の考え方などを読んだりして、何かご自身の生活の糧にしていただけるのなら、これ以上嬉しいことはありません。

もし、食に関して何かもやもやしていることがあって、変わりたいけれど変われない、と思われているのであれば、まずは私のレシピをそっくりそのままマネしていただくことで、何か見えてくるものがあるかもしれません。

「ほっとできる甘さがある。もたれない軽やかさがあるけれど、食べた後にも満足感がある。そんなお菓子を楽しく味わって食べているうちに、心身ともに健やかに、穏やかになれる」。私がそう思えるレシピと、それを形作る価値観が、一人でも多くの方の人生の支えになれることを、心から祈っています。

それでは、どうぞごゆっくりご覧ください。

あいり

目次

本書のレシピの決まり

- オーブンは電気オーブンを使用しています。機種や熱源によって焼き時間に違いがでるので、様子を見ながら加減してください。
- 塩の分量で、「少々」は親指と人さし指の2本の指先でつまんだ量です。

一つひとつに込める 私のこだわり

1 どのレシピも【乳製品・卵・小麦・砂糖・オイル】不使用

私が今までいろいろなものを食べてきて、「これなら食べた瞬間も、食べた後もほっと安心して楽しめる（食べて体に負担がない）」という素材だけを厳選しました。

よく、「〇〇だからヘルシー」のように言われることがありますが、食べる人や、その人の体調によっても、合うものは変わります。だからこそそういう言葉は控え、あくまでも特徴として、「〇〇不使用」と記載しておきます。

※使っている主な材料について詳しくはp10～

2 ほどよいミニサイズ

写真や動画では大きく見られがちですが、実は大きいものでも長辺15㎝未満。そのため、お茶碗さえあれば、思い立った時にぱっと作れるところも魅力の一つです。混ぜるのが大変でないことや、大量の材料を見て気疲れすることがないこと、いろいろな味をちょこちょこ作って保存し、一度に様々なフレーバーを楽しめるところも、私にとってはゆずれない、嬉しいポイントです。

3 グラムは量らない

感覚で料理できるようになることはもちろんですが、数字に執着せず、見た目や質を重視する習慣をつけ、日々自分に合った生活習慣を選択、定着していくことにつながると感じています。

何度も作っていると分かってきますが、同じレシピで作っていても、毎回仕上がりが若干変わったりします（しっとり感が前より強いなど）。それは、自分の体調や感情が、いつも違うからで、その変化を感じながら、作ったり食べたりしていくと、だんだんとその時その時の自分に寄り添ったものを選ぶことにつながっていくと、経験上実感しています。

4 ふわふわ／ざくざくしすぎない仕上がり

私にとって食感（食べ応え）はなくてはならない大切な要素。というのも、ふわふわすぎると満足感がなく、食べれば食べるほどおなかが空いてしまう感じがして怖くなるから。逆に、オイルたっぷりで仕上げたさくさくのクッキーのようなものは、食べた瞬間は食感が楽しくても、食べた後におなかにもたれたり、肌がカサついたりして、心地悪さを抱きがち。

そんな自分がほっと満足できるように、ふんわり、さっくりしていてもしっとり感もある、そんな仕上がりにできるように、試作を重ねてレシピにしました。

5 春夏秋冬の旬野菜が大変身

レシピは大きく「甘い系」「しょっぱい系（おかず系）」の2つがあり、前者は、蒸し野菜が入っているかどうかは、言われても食べてもまったく分からない仕上がり。

かといって、野菜を入れているのが無駄になることはなく、蒸し野菜が入ることで出る食感や、砂糖では出せない甘みを楽しむことができます。

6 馴染みのない食材を積極的に

SNSで発信をしていて必ず聞かれるのが代替材料。

日本ではあまり馴染みのない材料を使うことが多いので当然のこととは思いますが、敢えて代替材料は記載しません。

というのも、私自身、今まで知らなかった新しい素材に触れることで、自分に合ったものを見つけ、心身の不調の解決につなげることができた経験があるから。皆さんにもそんなきっかけをお届けできたら嬉しいです。

※活用法などはp10。入手方法などはp79

主な材料
（粉類）

玄米粉

小麦よりも白米、白米よりも玄米、と選ぶのと同じ感覚で愛用中。

これまで、小麦を食べることで極度の肌荒れや頭痛、腹痛、食べた後のソワソワに悩まされた経験があり、食べなくなってから体調がよくなった私。

そして、同じ米でも、精製された白米は、食べても満足感がなく、食べると余計おなかが空いてしまう感じになることに違和感があり、そうならない玄米を日常から選ぶようにしていました。

その流れで粉も、玄米からできた【玄米粉】を、小麦粉や米粉の代わりに使うようになりました。

ココナッツフラワー

グルテンフリーのお菓子で一般的によく

玄米粉

ココナッツフラワー

使われる「アーモンドプードル（アーモンドフラワー）」の代わりに使っているこちら。

元々脂物でおなかが緩くなりがちな私は、アーモンドなどのナッツがゴロゴロ入ったスイーツでおなかを壊しがちで、アーモンドフラワーを使うことに違和感を覚えていました。

かといって、大豆粉やおからパウダーを使うと、普段の食事で摂り入れる「味噌・豆乳・醤油」などの大豆製品にプラスで食べることになってしまい、大豆の過剰摂取になるのでは、という心配が。しかも、有機・無農薬なども考慮すると、あまり商品がなかったり、あったとしてもかなり高価になってしまってなかなか手が出ない、というのが悩みのタネでした。

そんなもやもやを晴らしてくれたのが、この「ココナッツフラワー」（ココナッツミルクを作る過程で出る副産物※豆乳を作る時に出るおからのようなもの）。

ココナッツと言えど、生地に入れるとココナッツの風味はまったく分からなくなるので、あくまでも食感を整えたり、味に奥深さをプラスしたり、満足感を高めてくれるものとして活用しています。

自然塩

ほんの少し入れて、甘さを引き立て、生地全体を引き締めてくれる大事な存在。

海塩から岩塩、湖塩など、自然塩と言ってもいろいろな種類がありますが、私の中では絶対にこれ！というものは敢えて決めていません。その時々で気になった自然塩を買っては試して、違いを楽しむスタイルにしています。

ぜひ、ご自身のお気に入りのものや、使ったことのない塩を使って、いろいろとご堪能ください。

重曹

お菓子作りで、膨らませる要素と言えば、ベーキングパウダーが主流とは思いますが、敢えてこちらを。

ベーキングパウダーと比較すると、重曹は、

- 原材料がシンプル（⇔ベーキングパウダーは、重曹の他に体に有害なアルミニウムや、小麦由来のデンプンを含むものがある。もちろんよりナチュラルなベーキングパウダーもあるけれど、よりシンプルな素材を選びたい）。

自然塩

重曹

- 少しの量で膨らむので、コスパがいい。
- 焼き色がつきやすい。

というよさを感じて、使うようになりました。

※重曹は化学合成によって作られるものもありますが、天然の鉱物のみから作られる【天然重曹】というものもあります。

主な材料
（液体類）

ピーナッツバター
（100%ピーナッツタイプ）

本書の主役、お菓子作りはもちろん、普段のおかず作りでも広く使うようになったこちらの素材。

おなかにもたれずにすっと馴染んでくれる軽やかさや、なんとも言えない香ばしい風味と濃厚な味わいを出してくれる、というのがお気に入りです。（使うようになったきっかけなど詳しくは↓p50）

アガベシロップ

一般的によくないと言われることが多い「白砂糖」だけではなく、「きび砂糖」なども含む「砂糖」の代わりに使う甘味料。

食べた後の体の楽さ（だるくならない・もたれない）にとても助けられていて、酢

ピーナッツバター（100%ピーナッツタイプ）

アガベシロップ

の物などのおかずにも愛用中です。

　少しの量でしっかりとした甘みがつくコスパのよさも、手放せないポイントの一つ。

植物性ミルク

　本書のレシピでは「お好きな植物性ミルク」と書いていますが、言葉の通り、豆乳やオーツミルクなど、ご自身に合う植物由来のミルクで大丈夫です。

　ただ、商品によってはオイルや砂糖などが入っていて、お菓子作りに使うと、生地の仕上がりに影響が出てしまいます。そういうものが入っていないものを選ぶか、購入が難しい場合は、手作りするのがおすすめ。

レモン汁

　重曹と反応させて、ケーキ生地をふんわり膨らませるための大切な要素。

　各レシピに使う量は少ないですし、重曹と反応してなくなるので、仕上がったお菓子にレモンの味は残りません。

植物性ミルク

レモン汁

主な材料
（アクセント素材）

レーズン

生地にそっと甘みを加えてくれる素材。

アガベシロップとはまた違う甘さが、いいアクセントになります。

ひまわりシード

しっとりふんわりしたケーキの生地に、かりかりとした食感を与えて食べ応えを出してくれる、大切な要素。

アーモンドやくるみ、カシューナッツなどを使うとおなかを壊しやすい私には、刺激や負担の少ないこのシードに助けられています。

麻の実（ヘンプシード）[*1]

良質なたんぱく質やオメガ3脂肪酸・オメガ6脂肪酸を豊富に含むと聞いてから、おかずからおやつまで日常的に取り入れるようになったシードの一つ。

加えると、まろやかな風味を出してくれます。

亜麻仁（フラックスシード）[*2]

アマニオイルの素になるシード。

体内に入るとDHAやEPA（青魚に豊富で血液サラサラ成分と言われるもの）に変換される「αリノレン酸」が豊富と知ってから、麻の実と同じように、日々の暮らしに溶け込んでいったものの一つ。

オイルだと酸化しやすくて、とは言ってもなかなかはかどらなくて、使いずらさを感じていた時も。シードなら、和え物やケーキに入れて負担なく楽しめるところが、私にはぴったりです。

ぷちぷちした食感に心が躍って、香ばしくまろやかな風味も嬉しい要素。

ココナッツファイン

お菓子のトッピングに使われることが多いこちら。

私の場合は、和え物の味に深みを出すために使うこともありますが、本書のレシピでは、トッピングだけでなく、生地に奥深い味わいを出すために加えたりもしています。

［参考文献］

＊1 ・Callaway, J. C. (2004). Hempseed as a nutritional resource: An overview. Euphytica, 140, 65
https://cannabiscure.info/wp-content/uploads/2016/07/Hempseed-Nutrition.pdf

＊2 ・須藤明治, 山田健二, & 矢澤一良.（2019）. 抗酸化作用を有したサプリメントの摂取が身体的疲労度及びスポーツパフォーマンスに与える影響. 日本補完代替医療学会誌, 16 (1) , 22.
https://www.jstage.jst.go.jp/article/jcam/16/1/16_21/_pdf

・Harper, C. R., Edwards, M. J., DeFilipis, A. P., & Jacobson, T. A. (2006). Flaxseed oil increases the plasma concentrations of cardioprotective (n-3) fatty acids in humans. The Journal of nutrition, 136(1), 83.
https://www.sciencedirect.com/science/article/pii/S0022316622080142

ひまわりシード

レーズン

亜麻仁（フラックスシード）

麻の実（ヘンプシード）

ココナッツファイン

調理器具

フライパン・蒸しプレート

主役となる野菜を蒸すために私が使っているのがこのセット。

フライパンは、直径20cm程度。ここに水を入れて、17~18cm程度の蒸しプレートを置くだけで、本格的な蒸し器や蒸籠《せいろ》がなくても、蒸し料理ができてしまいます。お菓子作りだけではなくて、普段の常備菜作りにも大活躍中。

茶碗・ミニ計量カップ

ケーキ生地を混ぜるのに、普段はご飯をよそっているお茶碗がボウル代わりに。

MAXで大さじ3、50㎖の表記があるこの計量カップを使えば、本書のレシピの粉類・液体類をすべて計量できます。

スプーン・ミニ泡だて器

液体類を混ぜる時、粉類を混ぜる時にそれぞれ使い分けている2つ。

本書のレシピでは、大きな泡だて器やゴムベラがなくても大丈夫です。

包丁・まな板・おろし器

蒸した野菜をペースト状にする際にあると便利なものたち。

葉物や玉ねぎなど、蒸すと形が残りにくいものはみじん切りに、大根や人参など、柔らかく蒸しても形が残るものはすりおろすと、きれいなペースト状にしやすいです。

焼き型

本書で使う、しっとりふんわりケーキの焼き型は3種。
下のホール型は高さのあるものを使っていますが、本書では高さ2〜3cm程度の仕上がりになります。

縦約8cm×横約3cm×高さ約4cm

縦約10cm×横約10cm×高さ約3cm

直径約12cm

ステンレスのものは、型を水で濡らしてからクッキングシートを敷き、ピタッと密着させると、生地をきれいに焼くことができます。

ミニマフィン・タルトが作れる2種の型。
ミニマフィン型はシリコンカップで、取り出しやすく、洗いやすくて◎
タルト型は、底が取れるタイプだと便利です。

タルトは各レシピで高さや成形具合が変わります。
(→詳細は各ページにて)

底直径約8cm

底直径約3cm

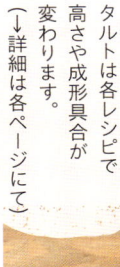

大根ブラウニー (p.32)

第一章

蒸し調理の基本・想い

「低温蒸し」に魅せられて

いつのまにか、なくてはならない存在になっていた【蒸し料理】。
中でも、蒸籠を使わず、沸騰させず蒸し調理する
「蒸しプレートでの低温蒸し」に行きついてからは、
その手軽さとおいしさで、
心身ともに穏やかに暮らせるようになってきています。
私自身が「蒸し料理研究家」と名乗るようになるほど
広げられた蒸し料理の世界を、
ここから紐解いていきます。

なすケーキ(p.34)

わたしにとっての「低温蒸し調理」

私の蒸し調理は、身近にある【フライパン】と【蒸しプレート】を用意するところから始まります。

①野菜など蒸したいものを、なるべく切らずに丸ごとのせる
②沸騰寸前の低温でじっくり火を通す
③カットや味つけなどの仕上げをする

というのが、ざっくりとした流れです。
（→蒸し方の詳細はｐ26〜）

「低温」蒸し……？

世でいわれている「低温蒸し」は、30〜60℃、70℃、60〜90℃など【１００℃未満の温度】でじっくり蒸す方法。
栄養や旨味成分が溶けだしたり、なくなってしまうのを抑えながら、野菜などをおいしく加熱処理することができます。

なにより、素材の成分の中に含まれる「あく」や「えぐみ」などをなくすのに効果的など、「低温」で蒸すことのメリットがいろいろあるといわれています。

自分にはハードルが高そう……？

「低温蒸し」というものを知った時は、専用の蒸し器を買ったり、毎回温度を厳密に測りながら調理したり……というのは、ちょっと現実的ではないのかもと、半分あきらめていました。

それでも、ふとした時に、今使っている【蒸しプレート】を手に取るタイミングがあって、自分なりにやりやすい方法を模索。
温度を厳密には測らず、「低温→【沸騰寸前の火力をキープ】」と私の中で決めると、気楽にできるようになりました。

いちごクランブルケーキ (p.46)

今では、なくてはならない存在に

確かに、調理時間自体はレンジ調理や炒め物などに比べたら長くはなります。

ただ、野菜を切らずに蒸している間に、他の作業や掃除、外出の支度などいろいろなことができて、加熱が終わったらカットして味つけするだけで済みます。

そして、切り干し大根などの乾物の水戻しや、ほうれん草などを茹でた後の水さらしなどは、蒸し調理をすれば省くことができます。

そんな感じで、トータルで見ると、手間の削減・時短につながって、精神的・時間的ゆとりができたことを、日々実感しています。

[参考文献]

・平山一政.（1997）. 低温スチーミング調理. 日本調理科学会誌, 30（4）, 381-386. https://www.jstage.jst.go.jp/article/cookeryscience1995/30/4/30_381/_pdf

・豊泉友康, 神谷径明, & 望月麻衣.（2016）. 低温スチーム加熱が野菜中のアスコルビン酸含量に及ぼす影響. 日本食品科学工学会誌, 63(8), 351-355. https://www.jstage.jst.go.jp/article/nskkk/63/8/63_351/_pdf

レンチン・蒸し焼きではだめ？

今は便利な調理器具が安価で手に入る時代で、電子レンジでも蒸し調理ができたりします。

そして、わざわざ蒸しプレートを使わなくても、フライパンや鍋の底に、少しの水と素材を一緒に入れて、蓋をして「蒸し焼き（煮）」する方法もあります。

それでも私が、そのいずれでもない「フライパンでの低温蒸し」を選ぶのには、理由があります。

レンチンと比べると、フライパンでの低温蒸しでは、

①加熱をしながら、火力の調整がしやすい

②蓋を開ければ順番にさっと取り出せる（＝いろいろな素材を入るだけ詰めて、火が通ったものから取り出しやすい）

ということに加えて、

③素材の栄養や旨味・甘みを損なわずに、むしろ、引き出せる（＝レンジのように、素材に含まれる水分を摩擦させて発熱させるのではなく、蒸気でじんわり加熱できる）

という点をとても魅力に感じています。

フライパン+蒸しプレートで
低温蒸ししたズッキーニ

レンジ加熱したズッキーニ

蒸し焼き（煮）と比べると、

①素材をカットせず、丸ごと加熱できる（＝硬い野菜をカットする手間を省きつつ、栄養や旨味の流出を抑えられる＝よりおいしくなる）

②硬さの違う食材を同時に蒸して、それぞれのちょうどいいタイミングで取り出しやすい

③蒸している間に、素材のえぐみ・汚れ・余計な水分を落とせる（＝素材の旨味や甘みが引き出せる＝ほうれん草などの水さらしが不要になったり、ほどよい水分を残して、素材がべちゃっとするのを防げたりする）

という「フライパンでの低温蒸し」のよさを、実感してやみません。

蒸した後にフライパンに残った水。澱んでいて、素材のえぐみや汚れが落ちたことがよく分かります……。
※とてもまずいので残った水は飲まないでくださいね（苦笑）。

低温蒸し調理でまいにちにゆとりと彩を

本書では「蒸し野菜を使ったおやつ」にフォーカスを当てていますが、まいにちのおかず作りにも大活躍中なのが、この調理法。

365日朝昼晩＋おやつを基本的には自炊していますが、作業時間はまいにちほんの5分程度。

冷蔵庫の中には常に5品以上の作り置きおかずがあり、毎食前にそれらを寄せ集めるだけで準備が完了します。

それを可能にしてくれるのは、「蒸し調理をしている間に他のやることを済ませて、蒸し上がったものから引き上げて、順番にカット・味つけする」方法に助けられているから。

その手軽さに加えて、「副菜がメインになる」という言葉通り、シンプルな味つけでもメイン級のおいしさのおかずができるところも、私にとっては救世主です。

究極な話、「塩だけ」でも素材そのものの甘さや旨味がぐっと引き出せるので、1素材でメイン級の1品が完成（＝野菜の種類の数ぶんだけおかずができる）。

どんなに忙しくて心に余裕がない時でも、この方法のおかげで、常備菜を切らすことはありません◎

私が知らないところでも……

SNSでいただいたコメントを拝見して、私が知らなかったメリットを目の当たりにするように。

・満足感が出て、過剰な食欲がなくなった
・腸や肌の調子がよくなった
・野菜嫌いの子どもが、パクパク食べるようになった
・子どもの癇癪が激減した

などなどと。私のレシピを試してからの変化をたくさん見聞きして、「低温蒸しって私が思っている以上に、魅力を秘めているのかもしれない……」と思うようになっています。

蒸し上がってから作業時間5分以内で、
5品作った時の作り置きおかず

作り置きおかずを寄せ集めただけの
お昼ごはんプレート

わたし流 基本の蒸し方

1

まずは、フライパンに水を入れます。

※水の量は蒸しプレートの脚の高さより、少し下ぐらい。
多すぎると茹で状態になってしまい、逆に少なすぎると、加熱を続けているうちに水がなくなって、フライパンが焦げてしまう原因に。

2

水を入れたら蒸しプレートをセット。
この時点で水が多すぎたら、少し減らしてください。

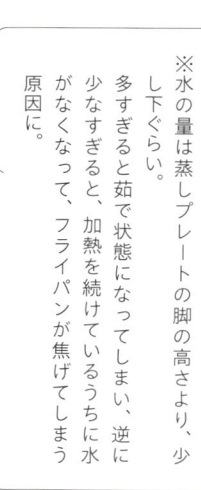

3

蒸したいものを丸ごと、ぽん。

カット断面から栄養やおいしさが流れ落ちないように、なるべく丸ごと置きます。

とはいっても、大きくて入らないものなど、蒸すものによって置き方が変わるので、各レシピページで、詳しく説明しています。

4

蓋をして、沸騰寸前の低温で加熱。

弱火でも加熱を続けていると、水が小さくプクプク音を立ててきます。それを通り越して、ブクブクと大きな音になってきたり、上から泡が見える状態になってきたら、火を弱めたり、火からおろしたりして、調整してみてください。

5

途中で水がなくなってしまったら、適宜水の追加を。

ちょうどいい柔らかさになっていたら、蒸し調理は完了です。

※蒸し加減は、各レシピページにて。

トマトとひじきの味噌マフィン（p.40）

第二章

混ぜて焼くだけ しっとりふんわりケーキ

自分に合わないものは食べなくていい

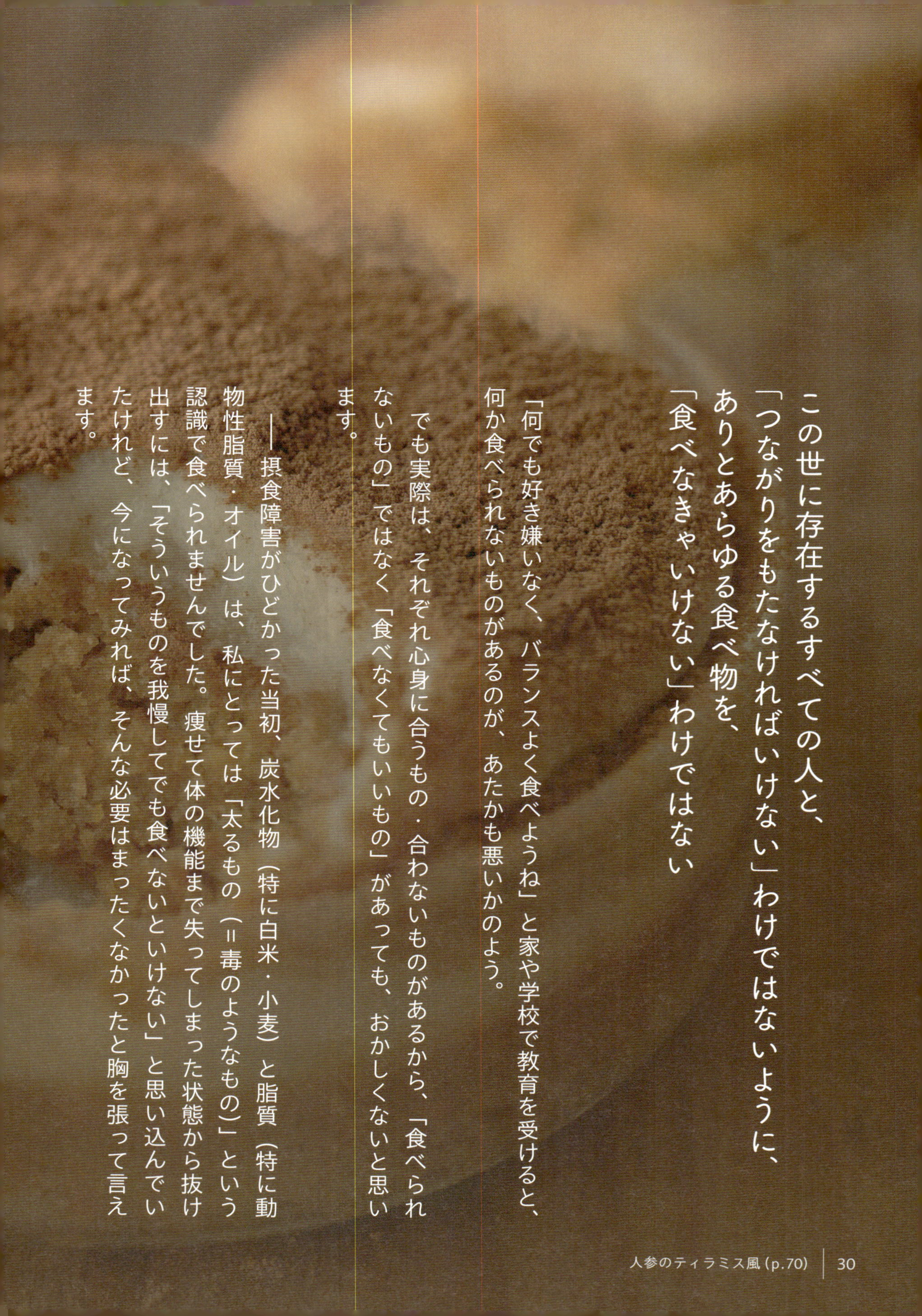

この世に存在するすべての人と、「つながりをもたなければいけない」わけではないように、ありとあらゆる食べ物を、「食べなきゃいけない」わけではない

「何でも好き嫌いなく、バランスよく食べようね」と家や学校で教育を受けると、何か食べられないものがあるのが、あたかも悪いかのよう。

でも実際は、それぞれ心身に合うもの・合わないものがあるから、「食べられないもの」ではなく「食べなくてもいいもの」があっても、おかしくないと思います。

——摂食障害がひどかった当初、炭水化物（特に白米・小麦）と脂質（特に動物性脂質・オイル）は、私にとっては「太るもの（＝毒のようなもの）」という認識で食べられませんでした。痩せて体の機能まで失ってしまった状態から抜け出すには、「そういうものを我慢してでも食べないといけない」と思い込んでいたけれど、今になってみれば、そんな必要はまったくなかったと胸を張って言えます。

人参のティラミス風（p.70）

それは、「食べられない」と避けていたものを「食べられる」ようにならなくても、「安心して、心地よく食べられるもの」で、栄養を十分に賄えると気づけたから……。

「白米や小麦、動物性脂質やオイルを無理に食べなくても、玄米やオートミールなら、豆類やシードなら、私でも心配しすぎず、食べていけるかも」。

その発見をして以降、「食べられないもの→食べなくてもいいもの」とみなして距離を取ると、私の暮らしは【栄養がちゃんと摂れて、かつ安心しておいしく食べられるもの】であふれていくことに。

そんな「私に合った」食事（＋運動や睡眠など）を続けていたら、無理に食べて体重を増やしたり、服薬をしたりしなくても、10年以上止まっていた生理が復活したりと、いい変化が表れてきています。

——食べることは「人間関係」と同じように、「相性がよくないな」「心地よくないな」と思うものを手放すことで、「自分に必要」で「自分に合った」ものと繋がれるようになる……。

食と向き合う中で見えてきたこれらのことは、私のまいにちの大きな支えです。

大根ブラウニー

ほっと嬉しい
ため息が出る、
濃厚で贅沢な味わい。
言われても
分からないぐらい
大根が馴染み、
砂糖では出せない
奥深い甘さがあります。

■ **材料**

ミニ大根…1本　※ペーストを作りやすい量。

A
- 玄米粉…大さじ4
- ココナッツフラワー…大さじ1
- ココアパウダー…大さじ1
- 重曹…小さじ1/4
- 塩…少々

B
- お好きな植物性ミルク…大さじ3＋小さじ1
- 大根ペースト（後述）…大さじ2
- アガベシロップ…小さじ2
- ピーナッツバター（100%ピーナッツタイプ）…小さじ2
- レモン汁…小さじ1/2

C
- レーズン… 10粒程度
- 素焼きピーナッツ…適量

・トッピング

素焼きピーナッツ…適量

ミニ大根1/2本入り

使う型はこちら

ケーキ生地の作り方

1. Aをボウルに入れて混ぜる。
2. Bを違うボウルに入れて混ぜる。
3. 1の粉類を2の液体類に混ぜ合わせる。
4. Cも追加して混ぜる。(d)
5. オーブンを180℃に予熱。型にオーブンシートを敷き、4の生地を型に入れて整え、トントンと打ちつけて空気を抜く。素焼きピーナッツをトッピングする。(e)
6. オーブンで15〜20分焼いて(※私の機種は17分がベストでした)粗熱を取り、半日以上冷蔵する。

大根ペーストの作り方

1. フライパンに水を入れて、蒸しプレートをセット。
2. 大根を縦半分にカットして、断面を上向きにして1にのせ、蓋をしたら沸騰寸前の低温で蒸す。(a)
3. 大根がすっと串をさせるぐらいまで柔らかくなったら、火からおろす。(b)
4. 3の大根をすりおろしてペースト状にし、水が滴らない程度にキッチンペーパーなどで水切りする。(c)

補足

＊レーズンは、ちぎってから入れると生地全体に甘みが馴染みやすくなります。

＊素焼きピーナッツは、包丁で細かくカットしても、そのままでも◎

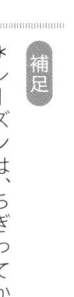

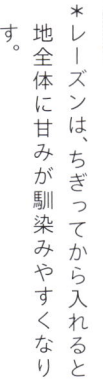

なす ケーキ

どこか香ばしさも
感じられる、
ほんのり甘いケーキ。
なすが
ナチュラルに馴染み、
なす嫌いさんもパクパク
食べてしまうほど。

■ 材料

なす（中）…1本　※ペーストを作りやすい量。

A
- 玄米粉…大さじ4
- ココナッツフラワー…大さじ1
- 麻の実（ヘンプシード）…大さじ1
- 重曹…小さじ1/4
- 塩…少々

B
- お好きな植物性ミルク…大さじ3＋小さじ1
- なすペースト（後述）…大さじ2
- アガベシロップ…小さじ2
- ピーナッツバター（100%ピーナッツタイプ）…小さじ2
- レモン汁…小さじ1/2

レーズン… 10粒程度

なす約1/2本入り

使う型はこちら

なすペーストの作り方

1. フライパンに水を入れて、蒸しプレートをセット。
2. なすを丸ごと1にのせて、蓋をしたら沸騰寸前の低温で蒸す。(a)
3. くしゃっとして、すっと串をさせるぐらいまで柔らかくなったら、火からおろす。(b)
4. 冷めたらみじん切りにしてペースト状にし、水が滴らない程度にキッチンペーパーなどで水切りする。(c)

ケーキ生地の作り方

1. Aをボウルに入れて混ぜる。
2. Bを違うボウルに入れて混ぜる。
3. 1の粉類を2の液体類に混ぜ合わせる。(d)
4. 3にレーズンを追加して混ぜる。
5. オーブンを180℃に予熱。型にオーブンシートを敷き、4の生地を型に入れて整え、トントンと打ちつけて空気を抜く。(e)
6. オーブンで15〜20分焼いて(※私の機種は17分がベストでした)粗熱を取り、半日以上冷蔵する。

補足

＊なすのヘタ周辺が硬い場合は、取り除いてOK。

＊お好みで、p48のひよこ豆クリーム、カカオニブ、ドライフルーツなどをトッピングしても◎

キャベツきな粉マフィン

噛みしめるほどに
じんわり感じる、
心地よい甘さ。

キャベツの味や食感は
ないものの、その存在が
きな粉の香ばしさを
引き立てるようで、
思わず口元がほころびます。

■ **材料**（カップ4つぶん）

キャベツの葉…2〜3枚

A
- 玄米粉…大さじ4
- ココナッツフラワー…大さじ1
- きな粉…大さじ1
- 重曹…小さじ1/4
- 塩…少々

B
- お好きな植物性ミルク…大さじ3＋小さじ1
- キャベツペースト（後述）…大さじ2
- アガベシロップ…小さじ2
- ピーナッツバター（100%ピーナッツタイプ）…小さじ2
- レモン汁…小さじ1/2

C
- レーズン… 10粒程度
- ひまわりシード…小さじ1程度

ミニマフィン4つに
キャベツの葉2〜3枚入り

使う型はこちら

＊蓋が浮いても、蒸しているうちに縮むので大丈夫◎

マフィン生地の作り方

1. Aをボウルに入れて混ぜる。
2. Bを違うボウルに入れて混ぜる。
3. 1の粉類を2の液体類に混ぜ合わせる。
4. Cも追加して混ぜる。(e)
5. オーブンを180℃に予熱。4の生地を型に入れて整え、トントンと打ちつけて空気を抜く。(f)
6. オーブンで15～20分焼いて(※私の機種は17分がベストでした)粗熱を取り、半日以上冷蔵する。

キャベツペーストの作り方

1. フライパンに水を入れて、蒸しプレートをセット。
2. 1にキャベツの葉の硬い部分を下にして置き、蓋をしたら沸騰寸前の低温で蒸す。(a)(b)
3. 透き通ってふにゃっと柔らかくなったら、火からおろす。(c)
4. みじん切りにしてペースト状にし、水が滴らない程度にキッチンペーパーなどで水切りする。(d)

補足

＊お好みで「きな粉ソース」(きな粉＋植物性ミルク＋アガベシロップ)をトッピングしても◎。ソースのとろみや甘さは好みで調整してください。

＊キャベツの芯は、硬ければ取り除いて、和え物として食べてもOK。

小松菜味噌ココアパウンド

味噌の深みが
クセになる、
濃厚な仕上がり。

ほのかな
甘じょっぱさの中に、
小松菜の栄養が
ぎゅっと詰まっています。

■ **材料**

小松菜…2～3株程度　※ペーストを作りやすい量。

A
- 玄米粉…大さじ4
- ココナッツフラワー…大さじ1
- ココアパウダー…大さじ1
- 重曹…小さじ1/4

B
- お好きな植物性ミルク…大さじ2＋小さじ2
- 小松菜ペースト（後述）…大さじ2
- アガベシロップ…小さじ2
- ピーナッツバター（100%ピーナッツタイプ）…小さじ1
- 味噌…小さじ1/2
- レモン汁…小さじ1/2

C
- レーズン… 10粒程度
- ひまわりシード…小さじ1程度

・**トッピング**

ひわまりシード…適量

小松菜1～2株分入り

使う型はこちら

ケーキ生地の作り方

1. Aをボウルに入れて混ぜる。
2. Bを違うボウルに入れて混ぜる。
3. 1の粉類を2の液体類に混ぜ合わせる。
4. Cも追加して混ぜる。(e)
5. オーブンを180℃に予熱。型にオーブンシートを敷き、4の生地を型に入れて整え、トントンと打ちつけて空気を抜く。ひまわりシードをトッピングする。(f)
6. オーブンで25〜30分焼いて(※私の機種は25分がベストでした)粗熱を取り、半日以上冷蔵する。

小松菜ペーストの作り方

1. フライパンに水を入れて、蒸しプレートをセット。
2. 小松菜をまるごと1にのせ(a)、蓋をしたら、沸騰寸前の低温で蒸す。飛び出た葉っぱは、折らないように曲げる。(b)
3. 茎までふにゃふにゃになるぐらいまで柔らかくなったら、火からおろす。(c)
4. みじん切りにしてペースト状にし、水が滴らない程度にキッチンペーパーなどで水切りする。(d)

補足

＊小松菜を柔らかく蒸しても茎が筋張っている場合は、葉っぱ部分だけ使ってもOK。

＊ひまわりシードは、そのままのものと、砕いたものを合わせると、食感や見た目にアクセントが出ます。

トマトとひじきの味噌マフィン

トマトの甘みとジューシーさがあふれ出る。
水戻しせず、蒸してふっくら仕上げるひじきがいいアクセントになります。

■ **材料**（カップ4つぶん）

トマト…1個　※ペーストを作りやすい量。
乾燥長ひじき…ひとつまみ

A
玄米粉…大さじ4
ココナッツフラワー…大さじ1
白すりごま…小さじ2
重曹…小さじ1/4

B
お好きな植物性ミルク…大さじ3
トマトペースト（後述）…大さじ2
ピーナッツバター（100%ピーナッツタイプ）…小さじ2
アガベシロップ…小さじ1
味噌…小さじ1/2
レモン汁…小さじ1/2

C
蒸しひじき（後述）…適量
亜麻仁（フラックスシード）…ひとつまみ

・**トッピング**

D
トマトペースト、亜麻仁（フラックスシード）…各適量

ミニマフィン4つにトマト約2/3個分入り

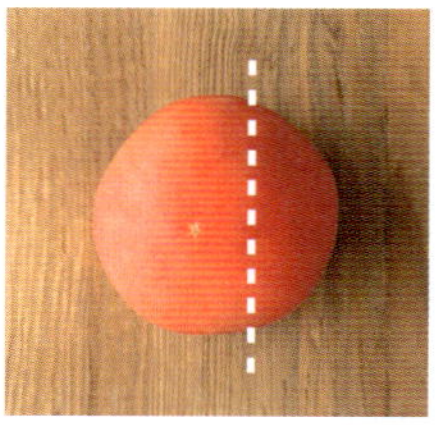

使う型はこちら

マフィン生地の作り方

1. Aをボウルに入れて混ぜる。
2. Bを違うボウルに入れて混ぜる。
3. 1の粉類を2の液体類に混ぜ合わせる。
4. Cも追加して混ぜる。(e)
5. オーブンを180℃に予熱。4の生地を型に入れて整え、トントンと打ちつけて空気を抜く。Dをトッピングする。(f)
6. オーブンで20〜25分焼いて（※私の機種は20分がベストでした）粗熱を取り、半日以上冷蔵する。

トマトペースト・蒸しひじきの作り方

1. フライパンに水を入れて、蒸しプレートをセット。
2. 1にトマトはヘタつきのまま、ひじきは水戻しせずそのままのせて、蓋をしたら沸騰寸前の低温で蒸す。(a)
3. トマトは皮が縮れて、すっと串をさせるぐらいまで、ひじきはふっくら柔らかくなったら、火からおろす。(b)
4. トマトはヘタを取ってボウルに入れ、スプーンなどでつぶしてペースト状にし、水が滴らない程度にキッチンペーパーなどで水を切り(c)、ひじきは食べやすい大きさにカットする。(d)

補足

＊長ひじきは、芽ひじきでも可。

ズッキーニと
わかめの
黒ごま塩麹
ケークサレ

蒸しズッキーニの
甘みが
塩気と溶け合い、
しょっぱすぎない
安定感のある味わいに。

蒸しわかめの旨味と、
黒ごまの香ばしさも魅力です。

■ **材料**

ズッキーニ…1本　※ペーストを作りやすい量。
乾燥わかめ…ひとつまみ

A
- 玄米粉…大さじ4
- ココナッツフラワー…大さじ1
- 黒すりごま…大さじ1
- 重曹…小さじ1/4

B
- お好きな植物性ミルク…大さじ2＋小さじ2
- ズッキーニペースト（後述）…大さじ2
- ピーナッツバター（100%ピーナッツタイプ）…小さじ2
- アガベシロップ…小さじ1
- 塩麹…小さじ1
- レモン汁…小さじ1/2

C
- ひまわりシード…小さじ1程度
- 蒸しわかめ（後述）…適量

ズッキーニ
1/3〜1/2本入り

使う型はこちら

b

a

d

c

ケーキ生地の作り方

1. Aをボウルに入れて混ぜる。
2. Bを違うボウルに入れて混ぜる。
3. 1の粉類を2の液体類に混ぜ合わせる。
4. Cも追加して混ぜる。(e)
5. オーブンを180℃に予熱。型にオーブンシートを敷き、4の生地を型に入れて整え、トントンと打ちつけて空気を抜く。(f)
6. オーブンで15〜20分焼いて（※私の機種は17分がベストでした）粗熱を取り、半日以上冷蔵する。

ズッキーニペースト・蒸しわかめの作り方

1. フライパンに水を入れて、蒸しプレートをセット。
2. ズッキーニは入らなければカット、乾燥わかめは水戻しせず1にそのままのせて蓋をしたら、沸騰寸前の低温で蒸す。(a)
3. ズッキーニはすっと串をさせるぐらいまで、わかめはぷるんと柔らかくなったら、火からおろす。(b)
4. ズッキーニはすりおろすか、みじん切りにしてペースト状にし、水が滴らない程度にキッチンペーパーなどで水切りする(c)。わかめは手でちぎって小さくする。(d)

補足

＊右ページの写真のように、ひよこ豆クリーム（p48）＋黒すりごまをトッピングしても美味。

f

e

ピーマンのココアクランブルケーキ

ピーマン嫌いさんも気づかない。

香ばしくてほろっとした
クランブルにも、
しっとりふんわりした生地にも、
タネ・ヘタ・ワタからまるごと、
ピーマンが入っています。

■ 材料

ピーマン…2個

・ケーキ生地

A 玄米粉…大さじ4
ココナッツフラワー…大さじ1
ココアパウダー…大さじ1
重曹…小さじ1/4
塩…少々

B お好きな植物性ミルク
…大さじ3＋小さじ1
ピーマンペースト（後述）…大さじ1
アガベシロップ…小さじ2
ピーナッツバター
（100％ピーナッツタイプ）…小さじ2
レモン汁…小さじ1/2

C レーズン…10粒程度
ひまわりシード…小さじ1程度

・クランブル

D 玄米粉…小さじ2
ココナッツフラワー…小さじ2
ココアパウダー…小さじ2
塩…少々

E ピーナッツバター
（100％ピーナッツタイプ）…小さじ1
アガベシロップ…小さじ1
ピーマンペースト（後述）…小さじ1

ピーマン2個入り

使う型はこちら

c

b

a

ケーキ生地の作り方

1. Aをボウルに入れて混ぜる。
2. Bを違うボウルに入れて混ぜる。
3. 1の粉類を2の液体類に混ぜ合わせる。
4. Cも追加して混ぜる。
5. クランブルを用意する。Dを4とは別なボウルに入れて混ぜる。
6. Eを5に加えて混ぜ、ボロボロした状態にする。(d)
7. オーブンを180℃に予熱。型にオーブンシートを敷き、4の生地を型に入れて整えたら、トントンと打ちつけて空気を抜く。(e)
8. 6のクランブルをトッピングする（手で握って小さな塊を作り、崩しながらのせるイメージ）。(f)
9. オーブンで15～20分焼いて（※私の機種は17分がベストでした）粗熱を取り、半日以上冷蔵する。

ピーマンペーストの作り方

1. フライパンに水を入れて、蒸しプレートをセット。
2. ピーマンを丸ごとのせ、蓋をしたら、沸騰寸前の低温で蒸す。(a)
3. くしゃくしゃになるぐらいまで柔らかくなったら、火からおろす。(b)
4. タネ・ヘタ・ワタも全部みじん切りにしてペースト状にし、水が滴らない程度にキッチンペーパーなどで水切りする。(c)

d

補足

＊クランブルは、ケーキ生地に少し押し込むと、ケーキが膨らんでも落ちてこないようになります。※押しすぎると膨らみが悪くなるので注意。

＊ピーマンのヘタなど、どうしても硬い場合は取り除いてもOK。

f

e

いちご
クランブル
ケーキ

ふわっと広がる
いちごの甘さに、
思わずほっこり。
蒸してえぐみが落ちたいちごは、
和えるだけで上品なジャムになり、
ケーキを風味豊かに仕上げてくれます。

■ 材料

・ケーキ生地

A
- 玄米粉…大さじ4
- ココナッツフラワー…大さじ1
- 重曹…小さじ1/4
- 塩…少々

B
- お好きな植物性ミルク…大さじ3
- いちごジャム（後述）…大さじ2
- ピーナッツバター
（100%ピーナッツタイプ）…小さじ1
- レモン汁…小さじ1/2

カカオニブ…小さじ1程度

・クランブル

C
- 玄米粉…大さじ1
- ココナッツフラワー…大さじ1
- 塩…少々

D
- ピーナッツバター
（100%ピーナッツタイプ）…小さじ2
- いちごジャム（後述）…小さじ2

・いちごジャム

いちご（小さめ）…15〜20個程度
アガベシロップ…小さじ2〜
※お好みで調整を。

いちご（小さめ）
15〜20個入り

使う型はこちら

c

b

a

ケーキ生地の作り方

1. Aをボウルに入れて混ぜる。
2. Bを違うボウルに入れて混ぜる。
3. 1の粉類を2の液体類に混ぜ合わせる。
4. カカオニブも追加して混ぜる。
5. クランブルの用意をする。Cを4とは別なボウルに入れて混ぜる。
6. Dを5に加えて混ぜ、ボロボロした状態にする。(d)
7. オーブンを180℃に予熱。型にオーブンシートを敷き、4の生地を型に入れて整えたら、トントンと打ちつけて空気を抜き (e)、6のクランブルをトッピングする (手で握って小さな塊を作り、崩しながらのせるイメージ)。(f)
8. オーブンで15〜20分焼いて(※私の機種は17分がベストでした) 粗熱を取り、半日以上冷蔵する。

いちごジャムの作り方

1. フライパンに水を入れて、蒸しプレートをセット。
2. 1にいちごをヘタつきのままのせて蓋をしたら、沸騰寸前の低温で蒸す。(a)
3. 色落ち寸前で、ふにゃっと柔らかくなったら、火からおろす。(b)
4. ヘタを取り除き、フォークでつぶしたり、みじん切りにしたりしてペースト状にし、アガベシロップを加えて混ぜる。(c)

d

補足

＊クランブルは、ケーキ生地に少し押し込むと、ケーキが膨らんでも落ちてこないようになります。※押しすぎると膨らみが悪くなるので注意。

＊いちごジャムの甘さは、お好みで調整を。

f

e

おいしいヒント

万能 ひよこ豆クリームの作り方

■ **材料**（大さじ3〜4杯ぶん程度）

A
ひよこ豆粉…大さじ2
ココナッツフラワー…大さじ1
塩…少々

B
お好きな植物性ミルク…200ml
アガベシロップ…小さじ2〜
※お好みで調整を。

補足
＊どの植物性ミルクでもできますが、オーツミルクは少しねばりが出るので、豆乳のほうがおすすめ。甘さはお好みで調節を。

1. Aを鍋に入れて混ぜ、Bを加えてダマがなくなるように混ぜる。
2. 混ぜながら弱火〜中火で加熱する。
3. ふつふつさせて、とろみがついてきたら火からおろし、濾して保存容器に入れる。
4. 30分以上冷蔵したら完成。

More…
もっと楽しむアイデアは
→ p78

おいしいヒント

◆ケーキの楽しみ方

作ってから粗熱を取り、半日以上冷蔵すると味が馴染む、本書のおやつ。

実は、冷凍して少しずつ溶かしながら、アイスのように食べるのもおすすめです。

ほかほかを楽しみたい場合は、トースターでお好みの程度までこんがりリベイクしても◎

◆クランブルの活用

ケーキのトッピングとして登場したクランブル生地。

万が一余った場合には、丸めて、もしくはボロボロした状態で180℃のオーブンで5~10分ほど焼くと、さくほろのまんまるクッキーやグラノーラのように楽しめます。

ケーキと同様、冷蔵、または冷凍することで、味や食感が馴染み、よりおいしく楽しめます。

コラム1
なくてはならない「ピーナッツバター」

小さい頃から存在は知っていたけれど、「ピーナッツバター＝砂糖と油たっぷりの不健康なもの」と思っていた私。

自分に合う食材を見つけるためにいろいろと調べていく過程で、「〝ピーナッツバター＝不健康〟ではない」という事実を知り、ピーナッツバターに対する印象がガラッと変わったのをよく覚えています。

・砂糖や塩、オイルを使っていない〝ピーナッツのみ〟でできている商品がある
・ピーナッツの脂質は、実は取り入れるメリットがある良質なもの（善玉コレステロールは下げずに悪玉コレステロールだけ下げてくれるなど）
・タンパク質やビタミンなど、大切な栄養素が豊富

など、調べ出すとたくさん知らない魅力が見えてきます。

とはいえ、いくらそういう情報を見聞きしても、最初は「太るんじゃないかな」と食べることに抵抗がありました。

でも、「ピーナッツバター＝ピーナッツという【豆】のペースト」と言い換えてみたり、「1日大さじ1～2程度が目安」という一般的にいわれている量の多さを実感したり……。その中で「ピーナッツバター＝太る」の概念が変わっていきました。

そうして少しずつ日常生活に取り入れていくと、おいしさに完全に魅了されてしまった私。

和え物からソース、アイス、焼き菓子などなど、気づくといろいろなアレンジを試すようになって、それを広げていくのが、まいにちの生きがいになりました。

そして、精神的・身体的に無理なくエネルギー源を摂取できるようになったのか、スタミナ切れで起こっていた日中のふらつきがなくなってきて、元気に過ごせるようになりました。

「脂質」というものに過剰な拒否反応を持ちがちだった私が、「良質な脂質」という概念を取り入れられるようになったのは、ピーナッツバターの存在が大きいです。「ピーナッツバターとの出会いが、人生を変えた」と言っても、過言ではないかなと思っています。

一番のお気に入りおかず
「玉ねぎとひよこ豆のピーナッツバター和え」

ピーナッツバターをソースに使ったおかず

［参考文献］
・Mattes, R. D., Kris-Etherton, P. M., & Foster, G. D. (2008). Impact of peanuts and tree nuts on body weight and healthy weight loss in adults. The Journal of nutrition, 138(9), 1741S-1745S.
https://www.sciencedirect.com/science/article/pii/S0022316622099424

キャベツきな粉マフィン (p.36) に
きな粉ソースのトッピング

第三章

型がいらない 焼き菓子

「体重が増える＝太る＝不健康」でも
「体重が減る＝痩せる＝健康」でもなくて……

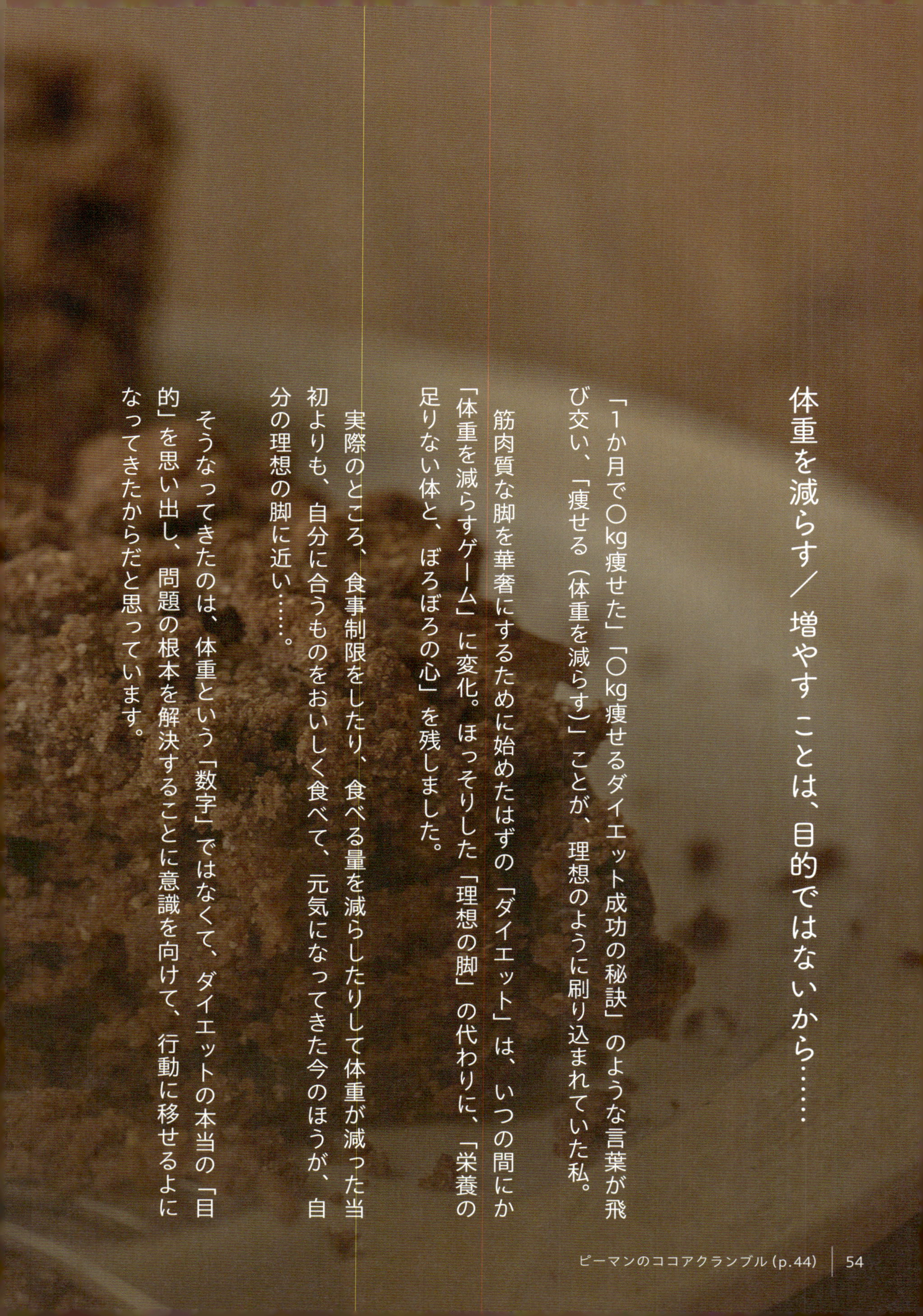

体重を減らす／増やすことは、目的ではないから……

「1か月で○kg痩せた」「○kg痩せるダイエット成功の秘訣」のような言葉が飛び交い、「痩せる（体重を減らす）」ことが、理想のように刷り込まれていた私。

筋肉質な脚を華奢にするために始めたはずの「ダイエット」は、いつの間にか「体重を減らすゲーム」に変化。ほっそりした「理想の脚」の代わりに、「栄養の足りない体と、ぼろぼろの心」を残しました。

実際のところ、食事制限をしたり、食べる量を減らしたりして体重が減った当初よりも、自分に合うものをおいしく食べて、元気になってきた今のほうが、自分の理想の脚に近い……。

そうなってきたのは、体重という「数字」ではなくて、ダイエットの本当の「目的」を思い出し、問題の根本を解決することに意識を向けて、行動に移せるようになってきたからだと思っています。

ピーマンのココアクランブル（p.44）

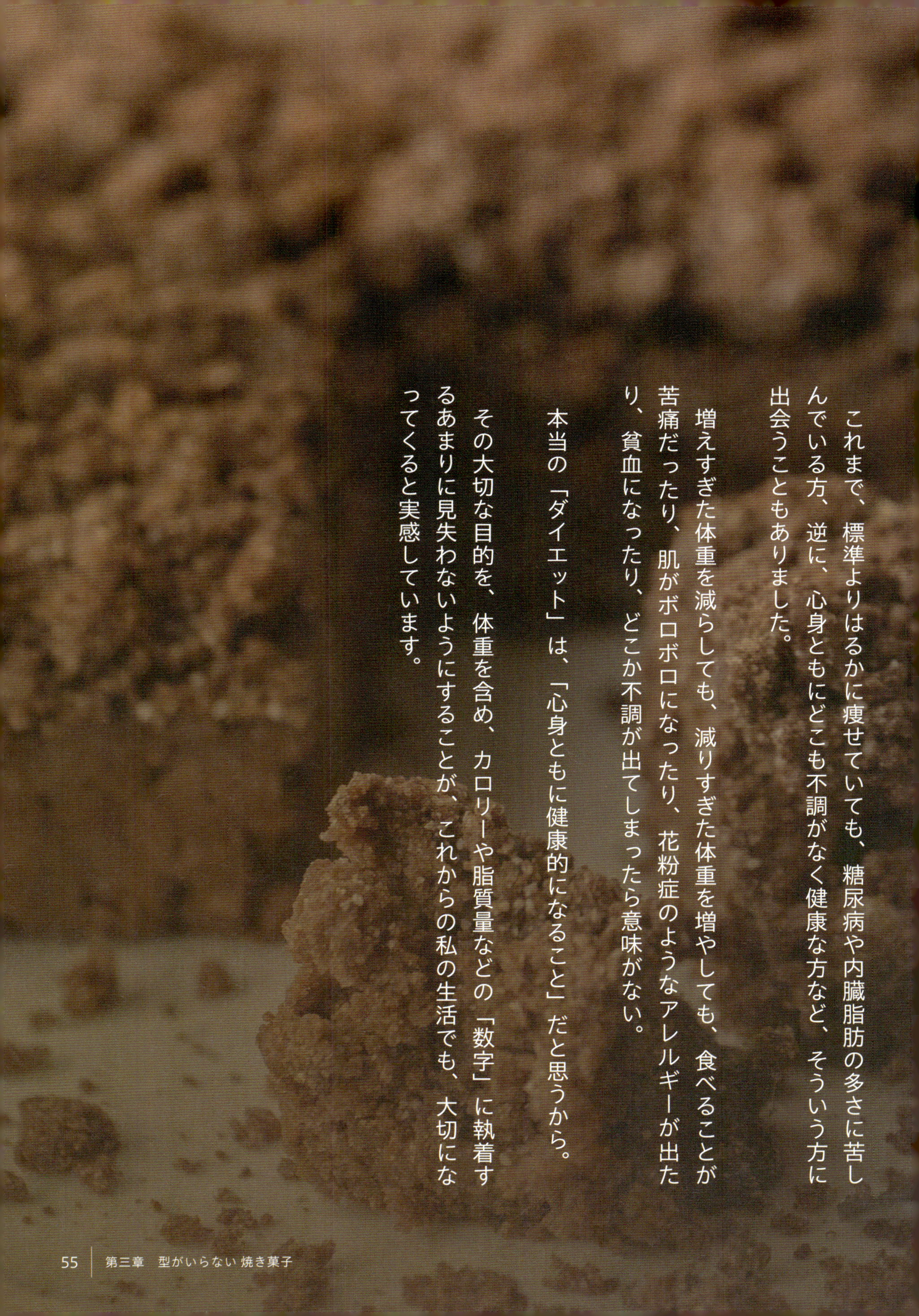

これまで、標準よりはるかに痩せていても、糖尿病や内臓脂肪の多さに苦しんでいる方、逆に、心身ともにどこも不調がなく健康な方など、そういう方に出会うこともありました。

増えすぎた体重を減らしても、減りすぎた体重を増やしても、食べることが苦痛だったり、肌がボロボロになったり、花粉症のようなアレルギーが出たり、貧血になったり、どこか不調が出てしまったら意味がない。

本当の「ダイエット」は、「心身ともに健康的になること」だと思うから。

その大切な目的を、体重を含め、カロリーや脂質量などの「数字」に執着するあまりに見失わないようにすることが、これからの私の生活でも、大切になってくると実感しています。

きゅうりのまんまるブラウニー

クッキーでも
エナジーボールでもない、
しっとりふんわり
まあるくてかわいいブラウニー。

まさかきゅうりが入っているなんて、
作った本人も忘れてしまうほど。

■ **材料**（直径約3cmの球8個ぶん）

きゅうり（中）…1本
※ペーストを作りやすい量。

A
- 玄米粉…大さじ4
- ココナッツフラワー…大さじ1
- ココアパウダー…小さじ2
- 重曹…小さじ1/4
- 塩…少々

B
- きゅうりペースト（後述）…大さじ2
- お好きな植物性ミルク…大さじ1
- アガベシロップ…小さじ2
- ピーナッツバター（100%ピーナッツタイプ）…小さじ2
- レモン汁…小さじ1/2

C
- レーズン…10粒程度
- ひまわりシード…小さじ1程度

ココナッツファイン…大さじ1～

球8個の中にきゅうり
1/3～1/2本入り

きゅうりペーストの作り方

1. フライパンに水を入れて、蒸しプレートをセット。
2. 1にきゅうりを丸ごとのせて、蓋をしたら、沸騰寸前の低温で蒸す。(a)
3. すっと串をさせるぐらいまで柔らかくなったら、火からおろす。(b)
4. みじん切りにするか、すりおろしてペースト状にし、水が滴らない程度にキッチンペーパーなどで水切りする。(c)

ケーキ生地の作り方

1. Aをボウルに入れて混ぜる。
2. Bを違うボウルに入れて混ぜる。
3. 1の粉類を2の液体類に混ぜ合わせる。
4. Cも追加して混ぜる。(d)
5. オーブンを180℃に予熱。4の生地を8等分にして丸め、ココナッツファインをまぶす。(e)
6. オーブン対応シートに並べて (f) 天板にのせたら、オーブンで10〜15分焼き (※私の機種は13分がベストでした) 粗熱を取って半日以上冷蔵する。

補足

＊レーズンは、ちぎってから入れると生地全体に甘みが馴染みやすくなります。

＊ココナッツファインは、少し押しつけるようにしてまぶすと、しっかりくっつきます。

カブのまんまるきな粉ブラウニー

きな粉の深みが香ばしい、
まあるい形の
しっとりふんわりブラウニー。
中に潜む蒸しカブのおかげで、
心地のよい上品な甘さが
出てきてくれます。

■ **材料**（直径約3cmの球8個ぶん）

かぶ（中）…1個
※ペーストを作りやすい量。

A
- 玄米粉…大さじ4
- ココナッツフラワー…大さじ1
- きな粉…小さじ2
- 重曹…小さじ1/4
- 塩…少々

B
- カブペースト（後述）…大さじ2
- お好きな植物性ミルク…大さじ1
- アガベシロップ…小さじ2
- ピーナッツバター（100%ピーナッツタイプ）…小さじ2
- レモン汁…小さじ1/2

C
- レーズン…10粒程度
- ひまわりシード…小さじ1程度

ココナッツファイン…大さじ1〜

球8個の中に
かぶ1/2〜1個入り

カブペーストの作り方

1. フライパンに水を入れて、蒸しプレートをセット。
2. 1にカブのカットした断面を上にしてのせ、蓋をしたら、沸騰寸前の低温で蒸す。(a)
3. すっと串をさせるぐらいまで柔らかくなったら、火からおろす。(b)
4. みじん切りにするか、すりおろしてペースト状にし、水が滴らない程度にキッチンペーパーなどで水切りする。(c)

ケーキ生地の作り方

1. Aをボウルに入れて混ぜる。
2. Bを違うボウルに入れて混ぜる。
3. 1の粉類を2の液体類に混ぜ合わせる。
4. Cも追加して混ぜる。(d)
5. オーブンを180℃に予熱。4の生地を8等分にして丸め、ココナッツファインをまぶす。(e)
6. オーブン対応シートに並べて(f)天板にのせたら、オーブンで10〜15分焼き(※私の機種は13分がベストでした)粗熱を取って半日以上冷蔵する。

補足

＊レーズンは、ちぎってから入れると生地全体に甘みが馴染みやすくなります。

＊ココナッツファインは、少し押しつけるようにしてまぶすと、しっかりくっつきます。

人参グラノーラ

シナモンとココナッツの香ばしさにほっこり。
甘さがぎゅっと凝縮された蒸し人参が、まるでドライフルーツのように楽しめます。

■**材料**（1～2食ぶん程度）

人参（中）…1本　※ペーストを作りやすい量。

A
- ロールドオーツ…大さじ6
- ココナッツファイン…大さじ1
- シナモン…小さじ1
- ひまわりシード…小さじ1程度
- レーズン…10粒程度
- 塩…少々

B
- 人参ペースト（後述）…大さじ1
- アガベシロップ…小さじ1

人参 1/4～1/3本入り

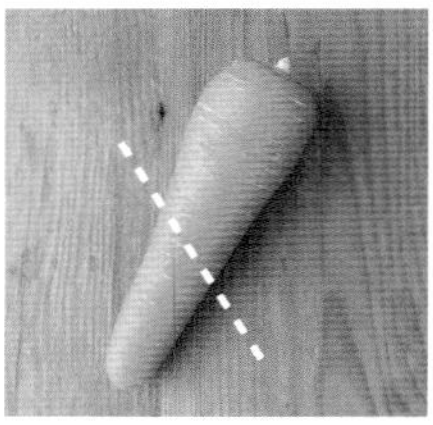

人参ペーストの作り方

1. フライパンに水を入れて、蒸しプレートをセット。
2. 1に人参を丸ごとのせて蓋をしたら、沸騰寸前の低温で蒸す。(a)
3. すっと串をさせるぐらいまで柔らかくなったら、火からおろす。(b)
4. すりおろしてペースト状にし、水が滴らない程度にキッチンペーパーなどで水切りする。(c)

グラノーラの作り方

1. オーブンを180℃に予熱。Aをボウルに入れて混ぜる。
2. Bを加えて混ぜる。
3. オーブン対応容器やクッキングシートを敷いた天板に広げ(d)、オーブンで10分焼く。
4. 一度取り出して全体を混ぜ、広げたら3分ほど追加で焼く。
5. 全体がほんのりこんがりしたら粗熱を取り、30分以上冷蔵、または冷凍してザクザクした食感にする。(e)

補足

＊一気に焼くと焦げやすいので、レシピのように2回に分けて焼くのがおすすめ。

＊お好みで、ドライフルーツやシードの種類を変えたり、増やしたりしてお楽しみください。

玉ねぎグラノーラ

おやつのような
おかずのような、
玉ねぎの旨味と
甘味がクセになる。
クルトンのように、
サラダのトッピングにも◎

■ **材料**（1〜2食ぶん程度）

玉ねぎ（中）…1個　※ペーストを作りやすい量。

A
- ロールドオーツ…大さじ6
- ココナッツファイン…大さじ1
- ひまわりシード…小さじ1程度
- レーズン…10粒程度
- 塩…少々

B
- 玉ねぎペースト（後述）…大さじ1
- アガベシロップ…小さじ1

玉ねぎ
1/3〜1/2個入り

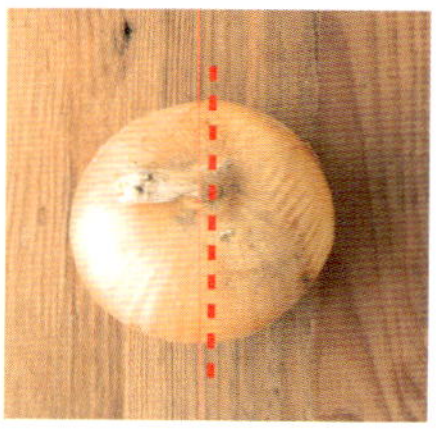

グラノーラの作り方

1. オーブンを180℃に予熱。Aをボウルに入れて混ぜる。
2. Bを加えて混ぜる。
3. オーブン対応容器やクッキングシートを敷いた天板に広げ(d)、オーブンで10分焼く。
4. 一度取り出して全体を混ぜ、広げたら3分ほど追加で焼く。
5. 全体がほんのりこんがりしたら粗熱を取り、30分以上冷蔵、または冷凍してザクザクした食感にする。(e)

玉ねぎペーストの作り方

1. フライパンに水を入れて、蒸しプレートをセット。
2. 玉ねぎを繊維の向きに半分にカットしたら、断面を上向きにして1にのせ、蓋をしたら沸騰寸前の低温で蒸す。(a)
3. 透き通って菜箸でつかめなくなるぐらいまで柔らかくなったら、火からおろす。(b)
4. 3をみじん切りにしてペースト状にし、水が滴らない程度にキッチンペーパーなどで水切りする。(c)

補足

＊一気に焼くと焦げやすいので、レシピのように2回に分けて焼くのがおすすめ。

＊お好みで、ドライフルーツやシードの種類を変えたり、増やしたりしてお楽しみください。

おいしいヒント

普段使うオートミールの種類・使い分け

本書のレシピで
使っているのはこちら

〔ロールドオーツ〕

平たくつぶして仕上げられたタイプのオートミール。

食べ応えがあるので、主食のホットオートミールやグラノーラにぴったり◎

〔クイックオーツ〕

ロールドオーツを細かくして作られたタイプのオートミール。

火の通りが早く、柔らかい仕上がりにしたい時に活用しています。

団子やお餅のようなものに最適。

クイックオーツで作ったみたらし団子風

クイックオーツで作った大根餅風

コラム❷ おいしさは素材選びから

調理法やレシピを整える前に、まずは何より【素材そのもののおいしさ】が、その後の満足度につながることを、とある出会いをきっかけに実感するようになりました。

うつ病で市場をふらついていた時に、やさしく声をかけてくださった【アスナロ農園】（千葉県野田市）さん。その出会い以来、毎週お野菜を届けていただいたり、農業イベントや収穫のお手伝いをさせていただいたり……。そういう関わりの中で、農薬・化学肥料・動物性堆肥を使わず、自然に近い状態で育てられた、【自然栽培野菜】のおいしさを身をもって感じ、すっかり夢中になっていきます。

※農家さんから買えない時は、オーガニックスーパーや身近なスーパーにある、農家さん直送の無農薬野菜を買うこともあります。

のびのびと育った野菜は、蒸し調理で甘みを引き出しやすいという感覚は日に日に増すばかりで、私の日々の暮らしを支えてくれていると実感しています。

きゅうりのまんまるブラウニー（p.56）

第四章　夏に嬉しいひんやりおやつ

世の中の「ヘルシー情報」に振り回されないために

他の人にとって「ヘルシー」でも、自分にとってもそうとは限らない

「低カロリーだからヘルシー」「低GIだからヘルシー」「○○は△△にいいからヘルシー」……、そんな世にあふれた「ヘルシー情報」を一つひとつ真に受けて、極めようとしていた時が。

とはいえ実際に、そういわれるものを取り入れてみたり、他の方の経験を見聞きしたりするうちに、必ずしも、「○○だからヘルシー」とは言えないこともあると分かってきました。

――食べているものは確かに同じ。あの人は○○を食べるとああなるって言っているけれど、私が食べるとこうなってしまう――

そういうことが起きるのは、普段大事にしている価値観だったり、置かれているストレス環境だったり、消化機能だったり、もろもろの状況によって、食べ物の吸収され具合など体への影響は変わってくるからだと、今では思います。

大根のココアタルト（p.86）

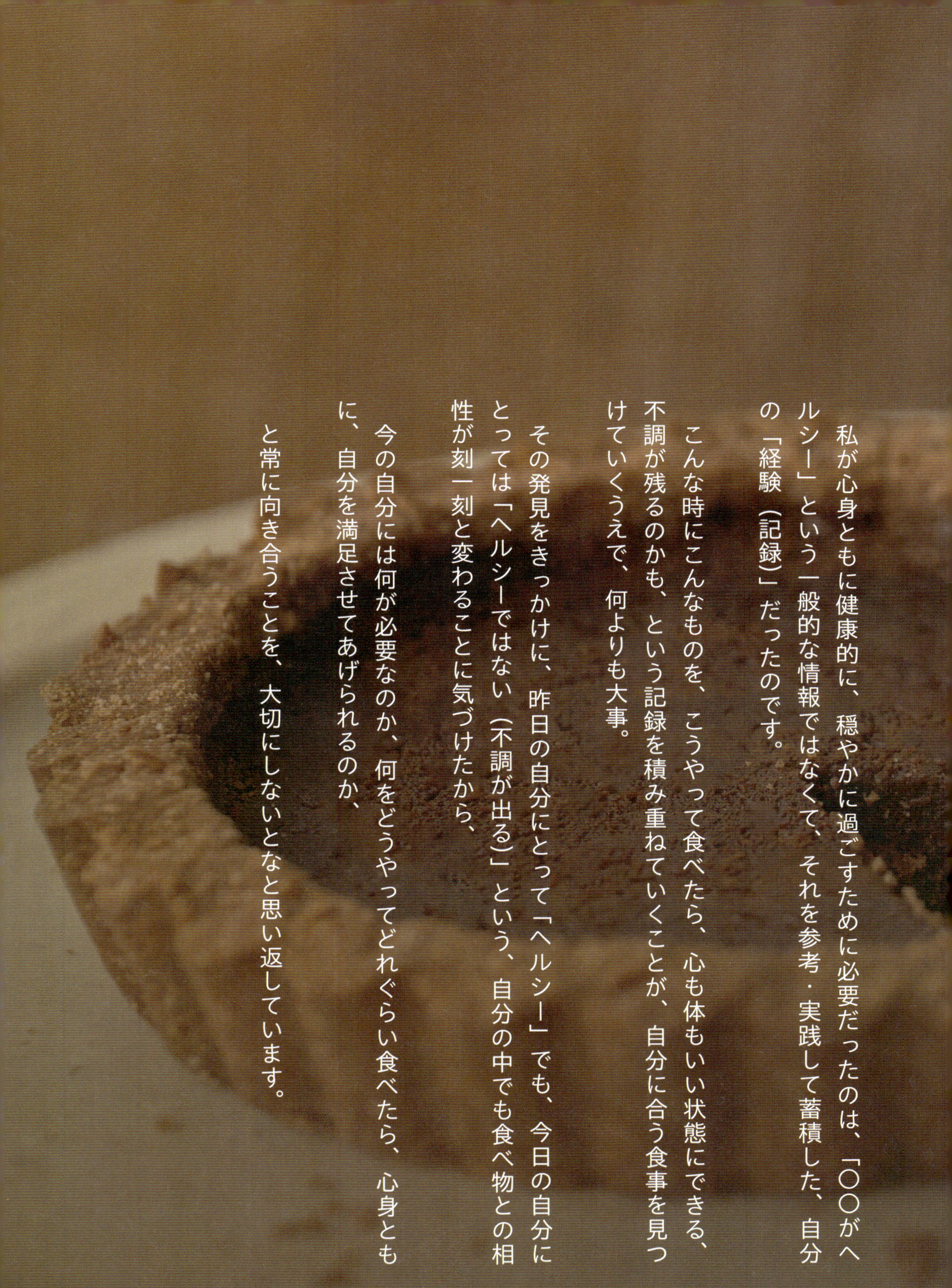

私が心身ともに健康的に、穏やかに過ごすために必要だったのは、「〇〇がヘルシー」という一般的な情報ではなくて、それを参考・実践して蓄積した、自分の「経験（記録）」だったのです。

こんな時にこんなものを、こうやって食べたら、心も体もいい状態にできる、不調が残るのかも、という記録を積み重ねていくことが、自分に合う食事を見つけていくうえで、何よりも大事。

その発見をきっかけに、昨日の自分にとって「ヘルシー」でも、今日の自分にとっては「ヘルシーではない（不調が出る）」という、自分の中でも食べ物との相性が刻一刻と変わることに気づけたから、

今の自分には何が必要なのか、何をどうやってどれぐらい食べたら、心身ともに、自分を満足させてあげられるのか、

と常に向き合うことを、大切にしないとなと思い返しています。

ほろ苦い
ケーキ生地には
ほろ甘い蒸し人参が。
なめらかなクリームで
引き立つ上品さに、
思わずうっとり
できるおやつです。

人参のティラミス風

■ **材料**

人参…1本　※ペーストを作りやすい量。

・ケーキ生地

A
- 玄米粉…大さじ4
- ココナッツフラワー…大さじ1
- 重曹…小さじ1/4
- 塩…少々

B
- お好きな植物性ミルク…大さじ2＋小さじ2
- 人参ペースト（作り方→p.61）…大さじ2
- アガベシロップ…小さじ2
- ピーナッツバター
（100%ピーナッツタイプ）…小さじ2
- インスタントコーヒー…小さじ1
- レモン汁…小さじ1/2

ひよこ豆クリーム（作り方→p.48）
…適量

・トッピング

ココアパウダー…適量

人参
1/3〜1/2本入り

使う型はこちら

a

b

c

d

e

f

g

作り方

1. Aをボウルに入れて混ぜる。
2. Bを違うボウルに入れて混ぜる。
3. 1の粉類を2の液体類に混ぜ合わせる。(a)
4. オーブンを180℃に予熱。型にオーブンシートを敷き、3の生地を型に入れて整えたら、トントンと打ちつけて空気を抜く。(b)
5. オーブンで15～20分焼いて（※私の機種は17分がベストでした）粗熱を取り、30分以上冷蔵する。
6. 型から取り出した生地を半分の厚さに切り(c)、ティラミスを入れたい容器でくりぬく。(d)
7. 容器に生地→ひよこ豆クリーム→生地の順に入れていき(e)、ひよこ豆クリームをトップにする。(f)
8. 仕上げにココアパウダーを振りかける。(g)

補足

＊ひよこ豆クリームの量、甘さはお好みで調整して、お楽しみください。

ほうれん草のレイヤーケーキ

どこか抹茶のような
風味のある、
上品な仕上がり。
蒸しほうれん草が
ぎゅっと詰まった
ふんわり生地と、
なめらかなクリームの
相性は抜群です。

■ **材料**

ほうれん草…3〜4株

・ケーキ生地

A 玄米粉…大さじ4
ココナッツフラワー…大さじ1
重曹…小さじ1/4
塩…少々

B お好きな植物性ミルク…大さじ2＋小さじ1
ほうれん草ペースト（後述）…大さじ2
アガベシロップ…小さじ2
ピーナッツバター
（100%ピーナッツタイプ）…小さじ2
レモン汁…小さじ1/2

ひよこ豆クリーム（作り方→p.48）…適量

ほうれん草
3〜4株入り

使う型はこちら

作り方

1. Aをボウルに入れて混ぜる。
2. Bを違うボウルに入れて混ぜる。
3. 1の粉類を2の液体類に混ぜ合わせる。(e)
4. オーブンを180℃に予熱。型にオーブンシートを敷き、3の生地を型に入れて整えたら、トントンと打ちつけて空気を抜く。(f)
5. オーブンで15～20分焼いて（※私の機種は17分がベストでした）粗熱を取る。
6. 型から取り出した生地を半分の厚さに切る。(g)
7. それぞれ4～8等分にして、半分にはひよこ豆クリームを塗り(h)、重ね合わせたら、上にもひよこ豆クリームをトッピングして仕上げる。(i)

ほうれん草ペーストの作り方

1. フライパンに水を入れて、蒸しプレートをセット。
2. ほうれん草を切らずに丸ごと1にのせ(a)、飛び出た葉っぱは、折らないように曲げる。(b) 蓋をしたら沸騰寸前の低温で蒸す。
3. 茎がふにゃっとなるまで柔らかくなったら、火からおろす。(c)
4. 3をみじん切りにしてペースト状にし、水が滴らない程度にキッチンペーパーなどで水切りする。(d)

補足

＊半日以上しっかり冷やすと、味と食感が馴染んでおいしくなります。

＊お好みでドライオレンジやカカオニブをトッピングしてもOK。

いちご ココア アイス

ひと口食べて、
ほうっととろける。
爽やかさもある
いちごの甘みが、
チョコのように濃厚な
アイスのアクセントに。

■ **材料**（縦約6cm×横約4cmのアイス4つぶん）

A
- ココアパウダー…大さじ1＋小さじ1
- ピーナッツバター（100%ピーナッツタイプ）…大さじ1
- アガベシロップ…小さじ1
- 塩…少々

お好きな植物性ミルク…大さじ4
いちごジャム（作り方→p47）…大さじ1～

作り方

1. Aをボウルに入れて、粉っぽさがなくなるまでよく混ぜる。(a)
2. お好きな植物性ミルクを加えてダマがなくなるまで混ぜる。(b)
3. 冷凍対応容器に流し込んで、いちごジャムをところどころに入れ、冷凍する。(c)

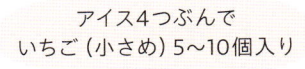

補足

＊植物性ミルクを加えて、ココアのようなダマのない状態になるまで混ぜると、口当たりがよくなります。

＊アイス型がない場合は、お弁当のおかずを入れるシリコンカップなどがおすすめ。

アイス4つぶんで
いちご（小さめ）5〜10個入り

蒸しトマトシャーベット

砂糖では出せない、
トマトの甘みで
心までうるおいます。
暑い日の水分補給にも、
嬉しい一品。

■ **材料**（1〜2食ぶん）

トマトペースト（作り方→p41）
…トマト1個ぶん
塩…少々

1〜2食ぶんで
トマト1個入り

作り方

1. p.41 の手順の通りに、トマトペーストを用意。(a)
2. 塩を加えて混ぜたら冷凍対応容器に入れ、冷凍する。(b)

補足

＊できあがったら冷凍庫から出して、フォークなどでガリガリと削るようにして、お召し上がりください。

＊甘くしたい場合は、アガベシロップなどをお好みで加えても◎

おいしいヒント

チョコクリーム風

◆万能ひよこ豆クリームの活用方法

p48の手順で作ったクリームに、ココアパウダーを入れて「チョコクリーム風」にアレンジ。

ココアパウダーは、小さじ1ぐらいずつ加えながら混ぜて、お好みの色合い、味わいに調節できます。

甘さを控えめにすれば、おかずに添えるソースとしても活用可能

野菜グリルの下に敷いてみたり、塩気を強くして蒸し野菜のディップソースにしてみたり……、アレンジ次第で、おやつだけでなく、おかずとしても幅が広がるので、ぜひいろいろと開拓してみてください！

きのこグリルのソースに

コラム③

粉類などの購入について

野菜以外の粉類や液体類など、材料のほとんどはオンラインで購入。

スーパーではなかなか買えない有機・無農薬のものがすぐ見つかったり、大容量をまとめて比較的安く買えたりする点に、いつも助かっています。（大手ＥＣ市場で、「有機玄米粉」などと検索して、手頃なもの・生産過程に共感できるものなど、気になったものを購入するスタイル）。

もし、外出先にオーガニックスーパーなどがあった時は、そこで購入することもあります。

「買い物は投票だ」という言葉もあるように、自分のできる範囲で、自分が共感できる組織を応援し、作り上げたい社会に貢献できる消費行動をしたい、というのが、私の根底にはあるんだろうな、と思っています。

玉ねぎのコク旨キッシュ (p.90)

第五章

ほろり香ばしいタルト・キッシュ

〝腸活にいい〟と言われるものを食べる前に

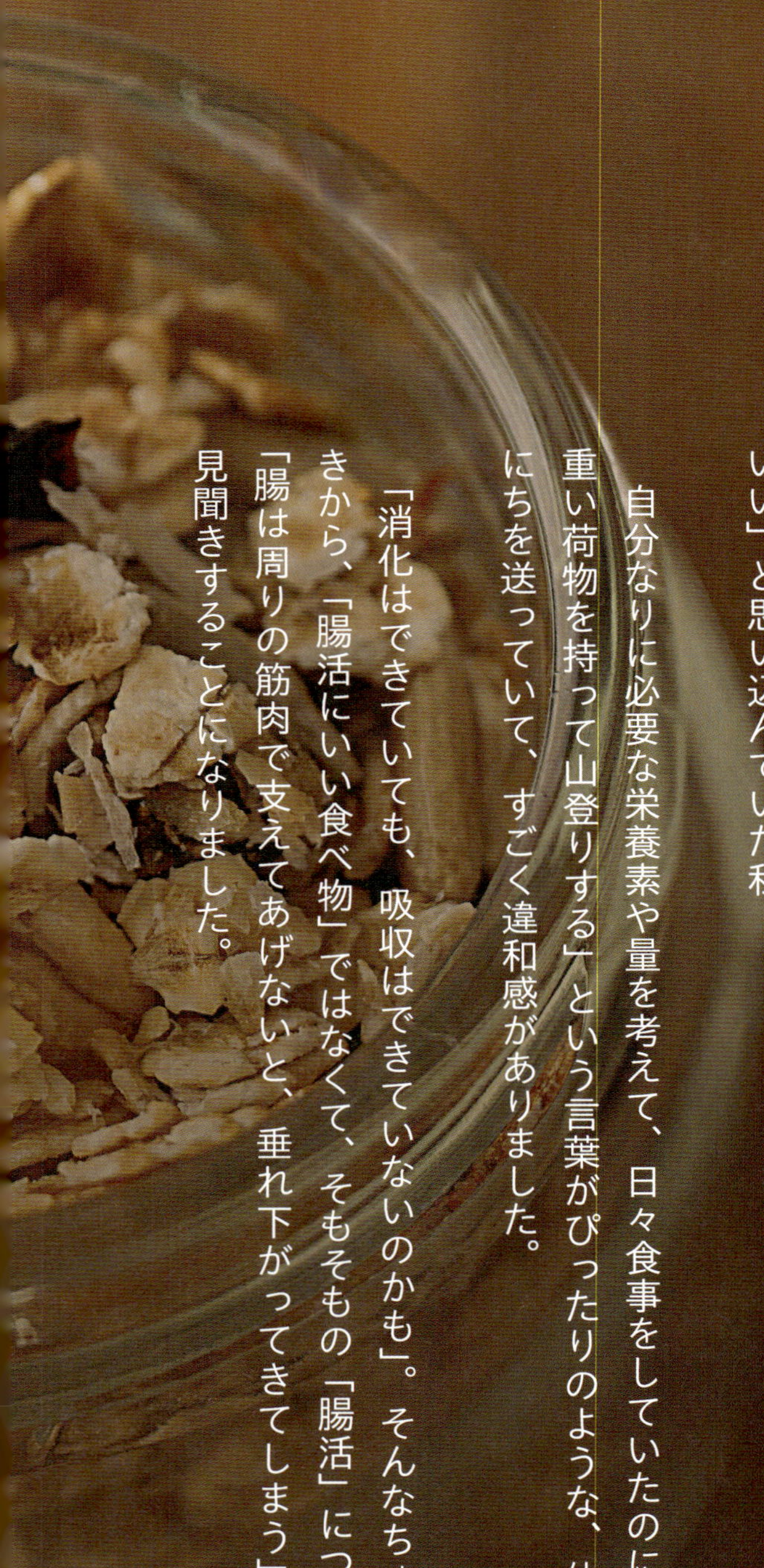

どれだけ食べるものに気をつけていても

外から入ってきた食べ物をキャッチして、ちゃんと処理してくれる体がないと、
せっかくのものも栄養にならない——

便秘のべの字もないほど、便秘とは無縁の人生を送ってきて、「胃腸の調子がいい」と思い込んでいた私。

自分なりに必要な栄養素や量を考えて、日々食事をしていたのに、「猛暑の中、重い荷物を持って山登りする」という言葉がぴったりのような、体がきついまいにちを送っていて、すごく違和感がありました。

「消化はできていても、吸収はできていないのかも」。そんなちょっとした気づきから、「腸活にいい食べ物」ではなくて、そもそもの「腸活」について学び始め、「腸は周りの筋肉で支えてあげないと、垂れ下がってきてしまう」という事実を見聞きすることになりました。

玉ねぎグラノーラ(p.62)

それ以降、ネット上の動画を見ながら、腸周りの筋トレや骨盤矯正エクササイズなどをまいにちするようになると、栄養の吸収ができるようになったのか、格段に生きやすくなった感覚があります。

――自分を整えたり、いい状態を保ったりするのには、食べ物だけでは十分ではない――

筋肉や骨盤の話はもちろん、まいにちのちょっとしたストレスなどで、消化吸収が悪くなることも経験している今だからこそ、大事だと実感していること。

それは食べた時も、食べた後もほっとできるような、「自分に合うもの」を食べることを基本としつつ、

・腸がちゃんと機能するように、骨や筋肉を整える
・日常の中のほんの小さなストレスもそのままにせず、違和感から距離を取る

ということ。

そういう私に合った生活習慣をまいにち更新していくことが、私が今できる精一杯の、自分との向き合い方だと思っています。

ほうれん草の抹茶風タルト

淡い抹茶色の
ボトムには、
蒸しほうれん草が
たっぷり。

ほんのり甘いクリームの
なめらかさが、
ボトムの香ばしさを
引き立てます。

■ **材料**（底直径約8cm、高さ約1.5〜2cm）

ほうれん草…2〜3株

・タルトボトム

A 玄米粉…大さじ2
ココナッツフラワー…大さじ1
塩…少々

B ほうれん草ペースト（作り方→p.73）…大さじ1
ピーナッツバター
（100%ピーナッツタイプ）…大さじ1〜

・トッピング

C ひよこ豆クリーム（作り方→p.48）…適量
抹茶（or ケール / クロレラ など）パウダー…適量

ほうれん草
2〜3株入り

使う型はこちら

作り方

1. Aをボウルに入れて混ぜる。
2. Bを加えて混ぜ、ボロボロした状態にする。(a)
3. オーブンを180℃に予熱。**2**の生地を型に入れて、底→側面→上の順に押し固めていく。(b) ※高さは1〜2cmぐらいに調整する。
4. 膨らみ防止にフォークで底にくぼみを作り(ピケ)(c)、オーブンで15〜20分焼く。(※私の機種は17分がベストでした)
5. 粗熱が取れたらCを混ぜたものをトッピングする。(d)

a

b

c

d

補足

＊半日以上冷蔵すると、味も食感も馴染んでおいしくなります。

＊型に生地を押し固める際に、あまりにもボロボロして固まらない場合は、ピーナッツバターを追加しながら調整します。

大根のココアタルト

軽すぎず重すぎず、
程よい満足感をくれるのは、
ボトムに詰まった蒸し大根。
チョコの代わりにココアで
仕上げるフィリングは、
ふと肩の力が抜けるような、
奥深い甘さがあります。

■ **材料**（底直径約8cm、高さ約1.5〜2cm）

ミニ大根…1本　※ペーストを作りやすい量。

・タルトボトム

A　玄米粉…大さじ2
ココナッツフラワー…大さじ1
ココアパウダー…小さじ2
塩…少々

B　大根ペースト（作り方→p.33）…大さじ1
ピーナッツバター
（100%ピーナッツタイプ）…大さじ1〜

・フィリング

C　玄米粉…小さじ2
ココアパウダー…小さじ2

D　お好きな植物性ミルク…大さじ1
アガベシロップ…小さじ1

ミニ大根
1/3〜1/2本入り

使う型はこちら

作り方

1. Aをボウルに入れて混ぜる。
2. Bを加えて混ぜ、ボロボロした状態にする。(a)
3. オーブンを180℃に予熱。2の生地を型に入れて、底→側面→上の順に押し固めていく。(b) ※高さは1～2cmぐらいに調整する。
4. 膨らみ防止にフォークで底にくぼみを作り(ピケ) (c)、オーブンで15～20分焼く。(※私の機種は17分がベストでした)
5. オーブンはそのまま180℃でキープ。ボウルにCを入れて混ぜる。
6. Dも加えて混ぜてとろとろの液状にし、4に注ぐ。(d)
7. オーブンで5～10分焼き(※私の機種は8分がベストでした)、粗熱を取ったら半日以上冷蔵する。

補足

＊型に生地を押し固める際に、あまりにもボロボロして固まらない場合は、ピーナッツバターを追加しながら調整します。

＊タルトボトムを焼いて、万が一底がひび割れてフィリングが流れ出てしまう心配がある場合は、フィリングを入れて焼く前に、タルト型とタルトボトムの間にクッキングシートなどを挟むと◎

クリスマスツリー風人参サラダタルト

クリスマスの食卓を
ぱっと彩る、小さなツリー。
蒸し人参まるごと1本、
タルト生地から
ツリーの中にまで入っているから、
おかずなのに甘いスイーツのよう。
思わず頬が緩みます。

■ **材料**

人参…1本／ブロッコリー…1株

・**タルトボトム**（底直径約8cm、高さ約1.5～2cm）

A　玄米粉…大さじ2
　　ココナッツフラワー…大さじ1
　　塩…少々

B　人参ペースト（作り方→p.61）…大さじ1
　　ピーナッツバター
　　（100%ピーナッツタイプ）…大さじ1～

・**サラダ**

塩…ひとつまみ

　　人参ペースト…適量
C　塩…少々
　　黒胡椒…少々

・**トッピング**

ドライオレンジ、
ピンクペッパー…各適量

使う型はこちら

人参１本入り

ブロッコリー１株入り

= 断面

野菜の下準備

1. フライパンに水を入れて、蒸しプレートをセット。
2. 人参はまるごと、ブロッコリーは子房に分けて1にのせ、蓋をしたら、沸騰寸前の低温で蒸す。(a) ※ブロッコリーはカット断面が上に向くように置く(b)と、おいしさが流れ落ちるのを防げます。
3. ブロッコリーは、色落ち寸前ですっと串がさせるぐらいになったら引き上げて冷まし、軽く塩をまぶしておく。(c)
4. p.61を参考に人参ペーストを作る。

作り方

1. Aをボウルに入れて混ぜる。
2. Bを加えて混ぜ、ボロボロした状態にする。(d)
3. オーブンを180℃に予熱。2の生地を型に入れて、底→側面→上の順に押し固めていく。(e) ※高さは1〜2cmぐらいに調整する。
4. 膨らみ防止にフォークで底にくぼみを作り(ピケ)(f)、オーブンで15〜20分焼いたら、(※私の機種は17分がベストでした)冷ましておく。
5. 残った人参ペーストをボウルに入れ、Cと和えておく。
6. 4に5のサラダをピラミッド形にのせて(g)、蒸したブロッコリーをツリーのように下から上へ刺して仕上げる。(h)
   ドライオレンジ、ピンクペッパーを飾る。

補足

＊型に生地を押し固める際に、あまりにもボロボロして固まらない場合は、ピーナッツバターを追加しながら調整します。

＊ブロッコリーの茎や葉は、柔らかく蒸して細かくし、人参のサラダに混ぜ込んでもOK。

玉ねぎのコク旨キッシュ

蒸し玉ねぎの
香ばしさ、甘さを
一度に味わえる、
贅沢なキッシュ。
軽やかなのに、
少量でもしっかり
食べ応えがあります。

■**材料**（底直径約8cm、高さ約1.5～2cm）

A 玉ねぎ…1個
切り干し大根…ひとつまみ程度
マッシュルーム…3～4個

※切り干し大根は水戻し不要。
ほこりが気になる場合は、ささっとすすぐ程度でOK。

・タルトボトム

B 玄米粉…大さじ2
ココナッツフラワー…大さじ1
塩…少々

C 玉ねぎペースト（作り方→p.63）…大さじ1
ピーナッツバター
（100％ピーナッツタイプ）…大さじ1～

・フィリング

D お好きな植物性ミルク…大さじ2
玉ねぎペースト（後述）…大さじ1
みじん切り蒸しマッシュルーム（後述）…大さじ1
みじん切り蒸し切り干し大根（後述）…大さじ1
玄米粉…大さじ1
黒胡椒…少々
塩…少々

玉ねぎ1/2～1個入り

使う型はこちら

野菜の下準備

1. フライパンに水を入れて、蒸しプレートをセット。
2. 1にAをのせて蓋をしたら、沸騰寸前の低温で蒸す。(a)
3. 切り干し大根はふっくら、マッシュルームはつるんとうるおったら引き上げる。(b)
4. マッシュルームは一部トッピング用にスライス、その残りと切り干し大根は、フィリング用にみじん切りにしておく。(c)
5. p.63を参考に玉ねぎペーストを作る。

作り方

1. Bをボウルに入れて混ぜる。
2. Cを加えて混ぜ、ボロボロした状態にする。(d)
3. オーブンを180℃に予熱。2の生地を型に入れて、底→側面→上の順に押し固めていく。(e) ※高さは1～2cmぐらいに調整する。
4. 膨らみ防止にフォークで底にくぼみを作り（ピケ）(f)、オーブンで15～20分焼いたら、（※私の機種は17分がベストでした）冷ましておく。
5. オーブンはそのまま180℃でキープ。Dをボウルに入れて混ぜたら(g)、焼いたタルト生地に流し込み(h)、スライスしたマッシュルームをトッピングする。(i)
6. オーブンで20～25分（※私の機種は23分がベストでした）、こんがりするまで焼く。

補足

＊型に生地を押し固める際に、あまりにもボロボロして固まらない場合は、ピーナッツバターを追加しながら調整します。

＊作ってから半日以上冷蔵すると味、食感が馴染みます。塩気が足りない場合は、食べる時にぱらぱらと塩を振りかけるとおいしく楽しめます。

おいしいヒント

野菜ペーストが余ったら

お菓子作りで残る、蒸し野菜のペースト。

もちろん、冷蔵、または冷凍保存して、次のお菓子作りに回すのもありですが、和え物などのおそうざいに活用するのもおすすめ。

上の写真はその例で、余った小松菜ペーストと蒸した玉ねぎを、ピーナッツバター（100％ピーナッツタイプ）と塩で和えたものです。

「はじめに」でもお伝えしている通り、蒸すとえぐみや汚れが落ちて、代わりに甘みや旨味が残ってくれます。

そのおかげで、シンプルな味つけでも、メイン級の仕上がりになるので、手軽に作れてじっくり味わえるのが魅力です。

コラム4

材料が同じでも これが変わると

同じ材料でも、加熱の仕方を変えるだけで仕上がりが変わってきます。

写真上のマフィンは、蒸して仕上げたもので、下はオーブンで焼いて仕上げたもの。

材料、配合がまったく同じでも、蒸したほうは、ふわっときめ細かくよりやさしい感じ、焼くとふんわりした中に香ばしさが加わった感じ、という違いが感じられました。

そういう違いを知っておくだけでも、気分によって使い分けできるので、自分の心と体に寄り添った食事をすることに、つながってくると思っています。

おわりに

～本当の「心地よさ」を知っているのは「自分」だから～

魅力あふれる「蒸し野菜」を使い、私が心地よいと思える素材だけで、食べた時も食べた後も満足できる仕上がりにした本書のレシピ。「はじめに」でもお伝えした通り、究極のところ、お菓子を作っていただかなくてもいいですし、レシピをそっくりそのまま再現することを目的にするのは、少し違うような気がしています。

　私が心地よいと思えるものは、皆さんにとって必ずしも心地よいと思えるものとは限らないからです。だから、何かに気づく最初のきっかけとしてレシピを試し、その後に、より自分に合う仕上がりにするとしたらどうしたらいいのか……。それに落とし込んでご自身を整えたり、保ったりすることを、最終のゴールにすることで、本書がより皆さんの生活にプラスになってくれると思っています。

「低カロリー」「低脂質」「1カ月で体重マイナス〇kg」と、目に見える数字は食事管理をするうえでの指標になったり、達成感を得やすかったり、精神的に助かっている人は実際多いと思います。

　ただ、そういった「数字」に執着しすぎるあまりに見えなくなってしまう大切なことがある、ということは、私が10年以上摂食障害に苦しみ、食事と向き合って分かってきた大きな気づきです。

・同じカロリーでも、これは食べてもなんともないのに、あれは食べるとなんだかだるくなる

・こっちのほうが脂質量は少ないけれど、食べるとお

なかが重くなったり、消化不良になったりする

こういう体のSOSともいえるちょっとした違和感は、「数字」では分からないことだと思います。

・糖質や脂質はどういう種類で、食べると自分の体にどう影響が出るのか
・どんな栄養があって、どう食べたら負担がかからないか

そういう素材の「質」に注目して、どんな食材をどう摂取したら体に負担がかからないか、おいしく楽しく食べられるか、をまいにち毎食考えながら食事を続けること10年以上。

動物性原材料を食べなくなり、「低温蒸し調理」を基本とした食事に行きつき、これをこうやってこのくらい食べたらいいんだという、自分の中のベストな食事が分かるようになってきて、うつ病が治ったり、10年以上止まっていた生理が自然と来るようになったり、穏やかに、健やかに過ごせるようになってきている実感があります。

自分に合うものを知っているのは、親でもなく、医師や管理栄養士のような専門家でもなく、「自分」です。

どんなちょっとした違和感も無視せずに、なんか違うなと思ったら距離を取る。そうすれば自然と「自分に合う心地よい」ものだけが残って、穏やかに、健やかに過ごせるようになります。

食べる目的を見失いそうになったり、食べることが苦しくなったりしたら、またいつでも本書に帰ってきてください。

本書作成にご協力いただいた方々、SNSを通して温かく見守ってくださった方々、本書を手に取ってくださったすべての方への感謝を込めて。

あいり

あいり（ベジヘルシー）

1998年 岐阜県生まれ。
神戸市外国語大学外国語学部英米学科を総代で卒業。
新卒1年目でうつ病になり、休職・無職期間を経て
趣味の延長で料理研究家としての道を歩み始める。
中学2年頃から10年以上にわたって向き合った
摂食障害（オルトレキシア）の経験や価値観を元に、
動物性原材料や小麦を使わない料理、
中でも〝蒸し料理〟を軸にした数々のレシピを考案。
食べるつらさ・生きづらさを
抱える人の支えとなるべく
SNSを中心に発信活動を行う。

インスタ　@hea.lthy_9531
note　https://note.com/vegehealthy

著者へのお便り・レシピへのご質問などはこちらから

STAFF
撮影・スタイリング・文　あいり
装丁・本文デザイン　ニマユマ
校正　鷗来堂
企画編集　望月久美子（日東書院本社）

蒸し野菜でおいしい
いたわりおやつ
乳製品・卵・小麦・砂糖・オイル不使用

2024年12月10日　初版第1刷発行
2025年1月15日　初版第2刷発行

著者　あいり
発行者　廣瀬和二
発行所　株式会社日東書院本社
〒113-0033　東京都文京区本郷1丁目33番13号　春日町ビル5F
TEL：03-5931-5930（代表）
FAX：03-6386-3087（販売部）
URL：http://www.TG-NET.co.jp
印刷　三共グラフィック株式会社
製本　株式会社ブックアート

ISBN 978-4-528-02460-1　C2077